司馬さんに嫌われた乃木・伊地知両将軍の無念を晴らす

西村　正

はじめに

私が『坂の上の雲』を初めて手にしたのは大学紛争の真っ最中であった。日本の政治、文化、歴史すべて下らないものだというニヒリスティックな風潮のなかで、我々団塊の世代は悶々としていた。アメリカだけに追従している我が国の状況はなんと情けないことだろうと鬱々とした感情に満ち満ちていた。

しかしこの鬱々とした気持ちを一挙に粉砕してくれたのが『坂の上の雲』である。そうか、日本にも明治時代という栄光の時代があったのか。開国してまだ日が経たぬ、いわば少年期の国をどのようにして明治の日本人は一流国に押し上げたのだろうか。

恐るべし、偉大なる明治人。

ひるがえって高度成長期を迎えたものの、精神的な昂揚感を持ち得ない当時の団塊の世代にとっては、この作品は精神のカンフル剤になった。しかも、司馬さん自身が繰り返し言っている様に「フィクションを一切禁じて書いた作品」であるがゆえに、従来の歴史書に書いていない内容が出てくる度に目が覚める思いがした。

もはや私の中では史実そのものであった。

恥ずかしながら百パーセント信じ込んでいたのである。

つまり『坂の上の雲』が教えてくれたことは、国家という有機体の中では柔軟な思考を持った者だけがリーダーたるべきで、思想、信念に凝り固まった頑迷固陋な人物は国を滅ぼすということだ。

実名をあげて症例提示してあるので、これほどわかりやすい文章はない。

なかでも、旅順要塞攻略で無能の象徴として描かれているのは、第三軍司令官乃木希典大将と、参謀長伊地知幸介少将である。

「国家」を我々の「組織」「会社」に置き換えてみれば『坂の上の雲』はリーダーたらんとする人の生き方の指針になろう。

私も、繰り返し繰り返し熟読し、社会に出ても、乃木や伊地知のような人間にだけはなりたくない。頭を柔軟にし、人の意見をよく取り入れ、決断するときは鬼神も退く勢いでやりたいものだ。満洲軍総参謀長児玉源太郎のように……と夢想していた。

ところが平成の世になり、乃木大将無能論や『坂の上の雲』で描かれた旅順要塞攻略に対し、厳しく批判する書物が少しずつ出てきた。

私はにわかには信じられなかった。それまで信じ込んでいた、乃木と伊地知に対する反面教師としての存在を否定されたのだ。

本当はどうなのだろうか。

自問自答するなか、私は、自分の目で『坂の上の雲』の旅順攻略戦を検証しなければという思いにかられた。

そして可能な限り文献を手に入れ、真実を追求した。

旅順の現場にも足を運んだ。

自分で調べ、自分で考えた。

すると、今まで絶対的真実と信じていたものが、少しずつ崩れていった。

その結論は、乃木大将や伊地知少将は、決して無能ではなく——参考にした資料の影響もあるが——司馬さんの思い込みで作り上げられたものである。

史実として描いたといわれる『坂の上の雲』であるが、少なくとも乃木、伊地知二将軍を無能と言わしめた司馬さんの旅順要塞攻略は虚構なのである。

それによって二将軍は、どれほど貶められたか。

それだけではない。歴史の真実として受け止めてきた読者を、これからも騙し続けることにもなる。

それは許せない。

では、なぜ私がなぜこのような結論に達したのか。

本書を通じて明らかにしていきたい。

新しい視点で真実の歴史を展望できた時の爽快感、それを読者の皆様と共有できれば、最高の幸せとしたい。

（注）本書では「中国」の事を「シナ」と表記する。
理由は以下の三点である。①「中国」とは華夷秩序の中の自国の美称であり、日本がその秩序内呼称を使用するいわれのないこと。②「シナ」自身は英語のチャイナから来ているが、その他のヨーロッパでは「ヒーナ」「シーナ」であり差別語ではないこと、こちらの方が世界標準である。③戦前のシナ自身の地図に支那と表記があり自ら公用語であったと認めていること。

以上の三点である。

目　次——司馬さんに嫌われた乃木・伊地知両将軍の無念を晴らす

目次

第四章　第一回総攻撃（八月十九日〜二十二日）

第五章　第一回失敗の反省と第二回総攻撃及びその前哨戦

番外章　砲兵出身陸上自衛隊高官から学ぶ

第六章　またも失敗した第三回総攻撃（一一月二六日～一二月五日）

第七章　救世主として描かれた児玉源太郎神話

第九章　機密日露戦史いわゆる『谷戦史』の深い闇

第十章　司馬さんの大解剖―思想の根底に何があるのか

終章 戦後民主主義と司馬さん

第一章　第三軍戦いの舞台、旅順へ検証の旅に出る

青山霊園1種イ10-20に誓う

ある夏の昼下がり、猛烈な蝉しぐれの中、行きつ帰りつようやく目指す墓にたどり着いた。

きっちり刈り込んである生垣が邪魔をして、通路からは墓は良く見えない。

さほど大きくはない墓石には、太めの力強い字体で、〝男爵伊地知幸介の墓〟とある。


他の軍人の墓と違い、陸軍中将との階級名はない。

なぜか？　これが私の脳裏にずっと残っている。

ともあれ『坂の上の雲』第一の憎まれ役の墓に、やっと辿り着いたのだ。

どっと汗が噴き出すも、一陣の涼風が頬にやさしく流れた。

思わず手を合わせ前から思っていたことを心の中でつぶやいた。


「二〇代の頃より四十数年間、閣下を無能の塊と信じてきました。

閣下こそ、明治の多くの若者を犬死させた張本人と思ってきました。

おそらく、私以外の多くの人も同じ考えでしょう。

しかし、それがもし濡れ衣だとしたら、小説を面白くするための虚構だとしたら、閣下はあの世でさぞ無念を感じておられるでしょう。もう少しお待ちください。真偽を明らかにし、きっと無念を晴らします。」

墓前はパワースポットだ。

なんら血縁関係のない伊地知幸介の墓の前で、あたかも敵討ちを誓うなど、自分がまるで赤穂浪士になったようで、我ながら滑稽に思えた。

でも、もう後には引けない。

私の長い旅が始まった。

児玉源太郎が伊地知幸介に浴びせた怒りの言葉

『坂の上の雲』で無能の象徴と容赦なく弾劾されるのは、第三軍司令官乃木希典大将と参謀長伊地知幸介少将である。調べてみると、乃木将軍の評伝は無能論に対する反駁本を含めて星の数ほどあるが、伊地知少将のそれはほとんどない。

伊地知は、日本の存亡をかけた日露三大決戦の一つ、旅順攻略戦の参謀長である。いやしくも参謀長といえば作戦のグランドデザイナーである。

なぜ彼は歴史に出てこないのであろうか。

数少ない伊地知が登場する本の中で、際だっているのが司馬遼太郎著『坂の上の雲』における二〇三高地攻略戦の陣中シーンである。満洲軍総参謀長児玉源太郎が督戦に駆けつけ、現地第三軍の拙劣な作戦に怒りの大爆弾をあびせた有名な場面である。

「かれ（児玉）が伊地知に浴びせた言葉ほどすさまじいものはないであろう。いくつかの熟語に要約すれば、無能、卑怯、臆病、頑固、鈍感、無策といった風の軍人としてその一語でもきけば愧じて自殺しかねないほどのもので、伊知地は当然ながら怒りで血の気を失い、ある瞬間には左手で佩剣の鞘をつかんだりした。児玉を殺したい、という衝動を、伊地知は押えかねたに違いない。」（『坂の上の雲』二〇三高地）

「これ以上ない程の罵声を浴びせかけられ、上部組織の上官を斬り殺したいほどの殺意をもった」と司馬さんは述べている。

本当なのだろうか。

それが真実として、なぜこのような無能な人間に旅順攻略戦を任せたのだろうか。

また司馬さんは、どのような理由で乃木、伊地知の二将軍を無能と決めつけたのか。

その疑問が、真実追求の始まりである。

問題は、旅順攻略戦である。すなわち第三軍の戦いである。

第三軍がどのように考え、作戦を立て、実際に戦果をどう挙げて行ったのか。それを検証するために私は、舞台を旅順攻略戦だけに絞って調査することにした。

何はともあれ旅順へ旅立った

文献から文献へと渡り歩く、長い長い検証の旅が始まった。大袈裟に言えば、タイムマシンに乗って第三軍司令部へのワープ（瞬間転移）である。

と言っても、当たり前であるが実際に百十年前に戻れるわけがない。

いろいろ思いを巡らせながら、戦術論はさておき、乃木軍司令部の戦さの舞台はどのようなところだろうか、どうしても知りたいという気持ちが強くなってきた。

よし、自分の目で確かめよう。

いや、旅順へ足を運んだとしても何か得るものがあるのだろうか。

さんざん悩んだ。

ともあれ、現場に行ってみよう。先入観なしで旅順へ飛んだ。

『坂の上の雲』が執筆されだした昭和四〇年代は、旅順地域は厚い軍事機密に被われ、外国人立ち入り禁止であった。

当然、司馬さんも取材旅行に行けなかった訳で、その意味で執筆者として気の毒であった。

平成八年この地区は一般人に開放された。

軍事機密が激減したことが第一であるが、何より隣の大連に外国の企業を誘致したい、ついでに観光客に旅順へ来てもらいたいという市政府の意向が通ったためであろう。

成田よりJAL便に乗り約二時間半のフライトだ。日本人のビジネスマンが多いので結構気楽だ。

九月一日昼前に大連着、夏の終わりだが結構暑い。

第一回総攻撃が失敗した直後の季節である。

戦死者の収容はどうなっていたのか——医師という職業柄もあって——遺体は暑さで傷みが早かったのでは、などと、血生臭い想像がふと頭をよぎった。

空港にはJAL旅行社関連の現地ガイド、曹平さんがワゴン車で迎えに来てくれていた。夏休みが終わったので日本人観光客は少ないとの事。

まして旅順にまで行く客はいないので、ワゴン車は、私と妻と息子の三人で貸切になった。誠にラッキーであった。当日は大連の満鉄本社やヤマトホテル等戦前の居留地の人達には涙が出る程懐かしい所を観光し、翌朝早く旅順へと出発した。

大連・旅順間は約五〇キロ、車で一時間ほどの距離であり、半島の南側に高速道路ではないがかなり広い道が通じている。ただし平日の朝夕は、大連のベッドタウンになっているので車の渋滞はひどいとの事。

快晴に恵まれて旅順に近づく。道路の両横に緑の山並みがせまってくる。前哨戦で重要な意味を持つ大孤山は、どれかと曹さんに尋ねたがわからない。当時と今と山の名前は変わっているだろうし観光コースにも入っていないので当然である。同じような山ばかりだ。

古写真では、旅順を取り囲む山々は殺風景なはげ山だらけだが、現在は緑に被われて平和そのもの、のどかな田舎の風景である。

観光コースは、(1)東鶏冠山北堡塁　(2)望台　(3)水師営会見所で昼食　(4)二〇三高地　(5)旅順市内観光、というのがお決まりのコースらしい。

『坂の上の雲』の乃木軍の戦術論を検証するためには、これからの遺構をしっかりこの目に焼き付けておかなければ始まらない。

この順に各堡塁の構造をめぐるツアーが始まった。

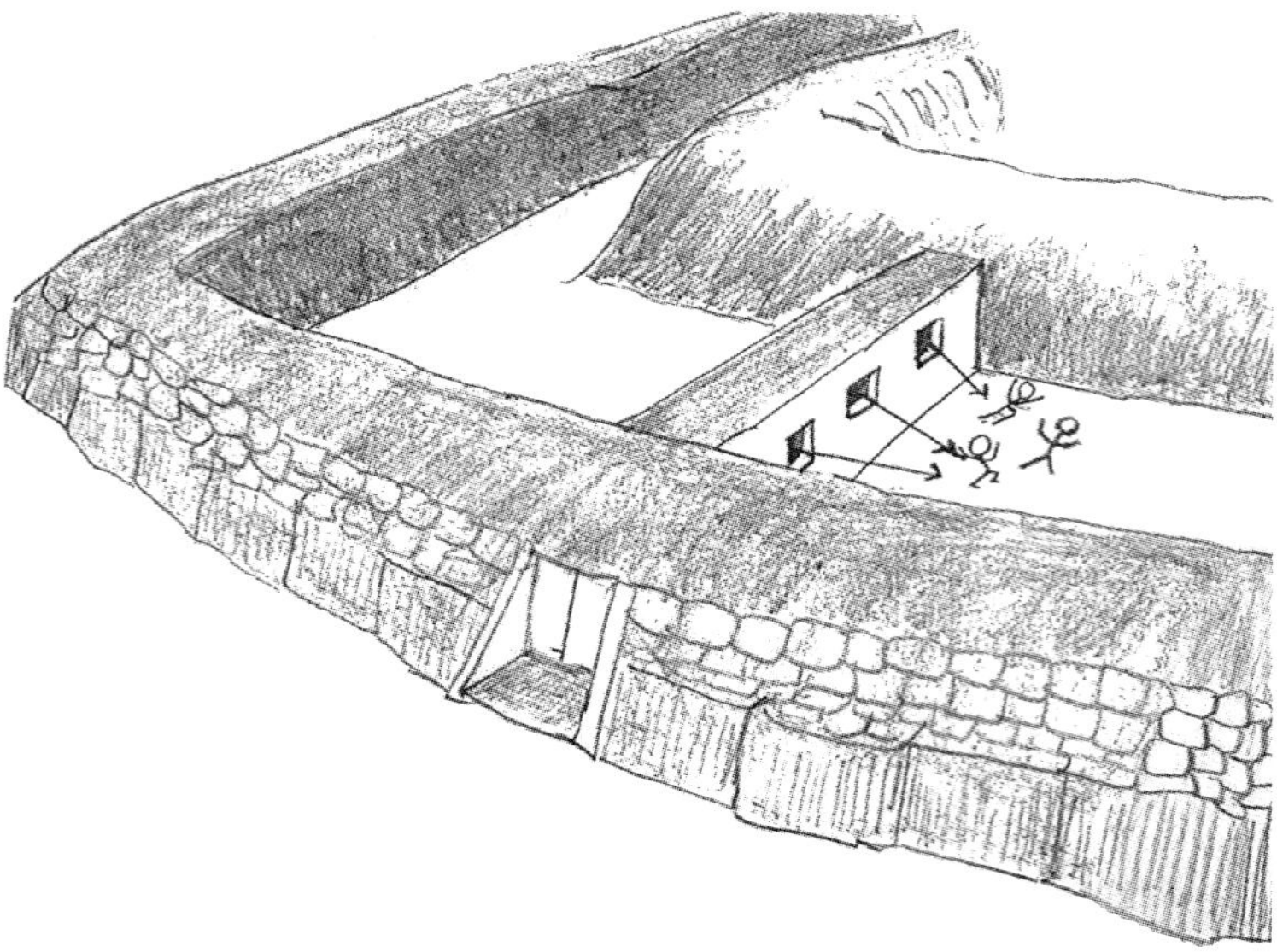

図1－1　もともとのカポニエール

東鶏冠山北堡塁は要塞理解のエッセンス

東鶏冠山北堡塁は、一番強固でかつ原型をよくとどめている堡塁である。旅順陥落の連鎖反応となった最初の引き金として有名である（二〇三高地が引き金ではない）。

ここを訪れるとカポニエールが原型をよく留めているのがわかる。

カポニエールとは日本語で「側防窖室」と訳されているもので、図のようにもともと空堀の間の連絡通路の壁面より、空堀に侵入してきた敵を狙撃できる銃眼付きの部屋（通路）のことであった。

一言でいえば、空堀内部の敵兵を掃射する施設である。

これが時代と共に発達し、図1－2のように空堀（外濠）の隅に設置すると死角がないので、敵兵がどこにいようと仕留められるのである。

あたかも蟻地獄に落ちたアリのように。

これが狭義のカポニエール（複窖室）で、一方向だけ射撃できるものを単窖室という。

昭和五五年の東映映画「二〇三高地」を見られた方なら覚えておられるであろう。

外濠に飛び込んできた日本兵が、壕底にはりめぐらされた鉄条網や鉄柵に足をとられ、身動き出来なくなったところを、カポニエールから機関銃の一斉射撃を受け、血まみれの死骸の山を築く凄絶なシーンを。

外濠の断面は通常梯形で、幅六～一二米、深さ七～九米、突入してしまうと逃げ出そうにも逃げ出せない。（図1－3）

百十年後、私は快晴の日、今は遊歩道となっている同じ外堀を何の気なしに歩いている。

外岸に仕込まれた無言のカポニエールに、じっと凝視されながら。（写真1－1）

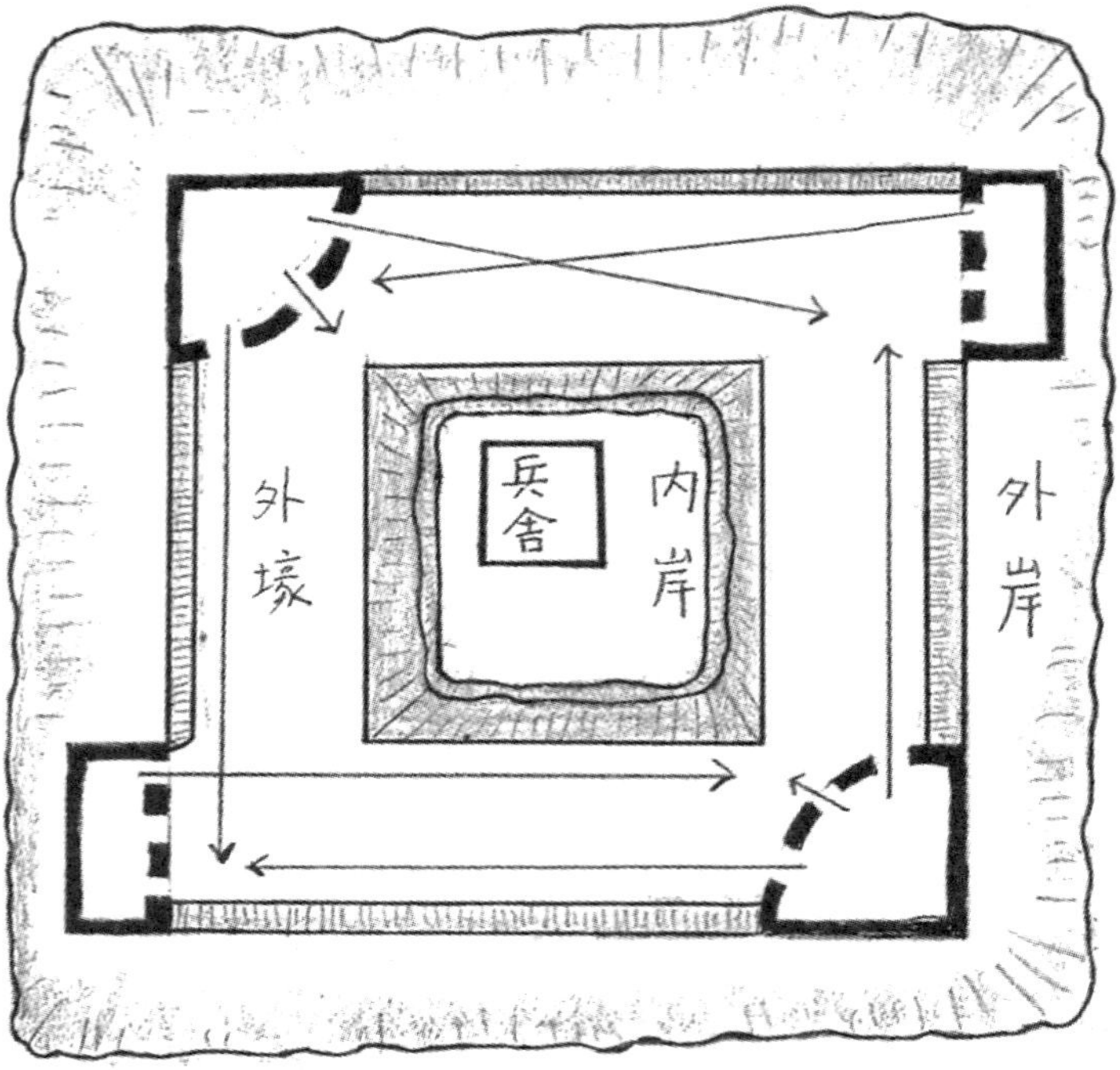

図1－2　2種のカポニエール　単窖室と複窖室

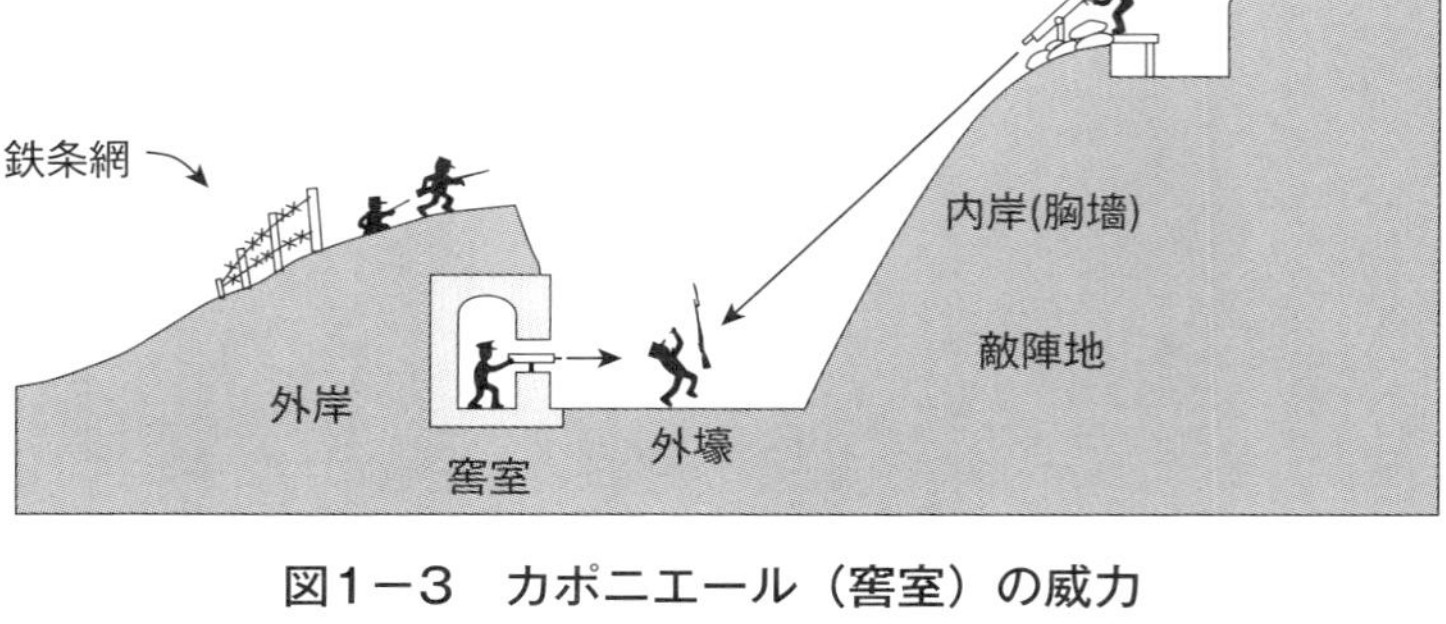

図1－3　カポニエール（窖室）の威力

写真1－1　東鶏冠山北堡塁　右手がカポニエール

写真1－2　東鶏冠山北堡塁カポニエール内

この外壕の土は、おびただしい日本兵の血を吸っている。また、回収されるはずもない粉砕された肉片は、土と一体となっている。

この修羅場に落ち込み、倒れた兵士の目から、壁はどれほど高く見えただろうか。

現場に立った私は、**「銘記すべし、この土塁の高さを」**……やはり、自分の意識を高め、自分の目で確かめないと歴史はわからないと実感した。


現代のように、無人機を飛ばし、カポニエールを確認後にミサイルや誘導爆弾で一挙に片づける時代ではない。**あくまで二次元の戦い**だった。ここを理解していないと、当時の現実が見えなくなってしまう。

余談になるが、気球を上げて偵察する事も行われたが、風の影響や準備に対する手間な

写真1－3　外壕コーナー　中央の大きな穴は爆破孔

どで大した効果は得られなかった。

要塞内部の構造は、ロシア側の防諜が厳しく、第三軍が手段を尽くして情報を得ようとしたが無理であった。


内岸の階段を上がり、いわゆる堡塁「本丸」に至る。日本軍が建てた巨大な石碑を見た後、しばらく歩くと地下への階段が現れる。

ここが洞窟をくり抜き、ベトン（コンクリート）で固めた半地下式の兵舎だ。

アーチ形の天井は高いが通路は狭い。


二階の床が抜けた部分もあり、薄暗くガランとしている。

窓以外に壁面に大きな穴が開いているのは、二八サンチ榴弾の直撃した跡だろうか。

写真１－４　東鶏冠山北堡塁記念碑　内庭にある

写真１−５　半地下式兵舎への入口

写真１−６　半地下式兵舎内部　２階フロアーが抜けている

写真1－7　兵舎内通路　歩いているのはガイドの曹平さん

掩蓋《えんがい》（要塞の天井）や壁面の固いベトンは、〝我が軍の砲弾をはじき返し、要塞本体はビクともしなかった〟というのが今までの定説であったが、二八サンチ砲だけは違うようだ。

この特殊な砲も、後で紙数を割かなければならない。当たればかなりの威力なのだ。薄暗いベトンに囲まれた空間で、重傷を負い、恐怖に怯える露兵の姿が目に見えるようだ。

弾薬庫の前の通路を通り、階段で地上に上がると本部の洞窟だ。低いアーチの中を進んでいくと電話室、会議室、厨房などがあるが、いずれも殺風景な天井の低い石の部屋である。

本部入口近くに、露軍一の勇将コンドラチエンコ少将の戦死碑がある。思っていたより小さい。

　将校室で作戦指導中、二八サンチ砲弾に直撃されたので、厚いベトン壁が粉砕されたのであろう。

　カリスマ的存在だったコンドラチェンコ少将の死後、露軍の士気はみるみる落ちて行ったのである。

　この東鶏冠山北堡塁の構造をよく理解しておけば、各堡塁とも共通の構造を持っているので、第三軍の対要塞戦術が理解しやすくなる。

写真1－8　兵舎の離れには弾薬庫が掘り下げられて設置されている

写真1－9　地上に上がると本部正面入口　アーチの向こうは内庭

写真1－10　本部内の電話室

写真1－11　本部正面のアーチの左手に木に隠れてコンドラチェンコ少将の戦死碑がある

写真1－12　コンドラチェンコ少将の戦死碑

高い所に登って初めてわかった攻城軍の展開

次に案内されたのは望台山である。

麓より一直線に石段が頂上まで続いている。かなり高く、登るにしたがい息切れがする。石段の両側は木が繁り、展望はよくないし、要塞の構造物はほとんど見当たらない。

しかし、頂上からの見晴らしは絶景、三六〇度のパノラマである。旅順港だけは白玉山で隠され一部しか見えないが、他の主な堡塁があった山々は丸見えだ。ここが旅順の東北正面堡塁群の中心陣地だとよく判る。

望台山を取り囲む他の山頂までを地図で調べると、せいぜい六〜八キロメートルぐらいである。しかし、実際はもっと距離がありそうに見えるほど、まことに雄大な景観である。

頂上は広くはないが、二門の十五サンチ加農砲[1]が据え付けられている。砲尾にはロシア文字で、一八九九年製造と刻印されている。（写真1－15、1－16）

その北方に今は、高速道路と鉄道（東清鉄道）が横切っている。加農砲が火を吹けば、あっという間に破壊されるだろう。

（1）　加農砲（カノン砲）…軽い弾丸を直射できる砲。砲身は長い。射程は長いが破壊力は小さい。

当時は、木一本とて無かったはげ山の連続である。どの山上の砲台からでも、麓を通過する日本の部隊に十字砲火を浴びせることはたやすいことであろう。

故に、**敵前の通過は難しい**。

要塞群の東北正面から西への迂回は、ある程度要塞の火力を減殺させてからでないと無理であろう。

望台から北には鳳凰山を中心とする山並みが見える。ずいぶん遠くに見える。鳳凰山は攻城砲兵司令部が置かれたところだ。

ガイドの曹さんに尋ねた。

「第三軍司令部が置かれた柳樹房はどの辺でしょうか」

「ああ、あの北の方の山並みの向こうですよ」

「『坂の上の雲』では司令部が遠すぎて、情報が入らないと書いてありましたが」

「ハハハ……こんな見晴らしがいい所からだと、狙い撃ちされますからね。山の陰でないとだめですよ」

素人でもわかる問答だった。

写真1－13　望台より北方を望む　右手の方の山が鳳凰山で柳樹房はこの後ろらしい　横切っている東清鉄道や道路は容易に狙い撃ちできる

写真1－14　望台より西方を望む　左方遠方に並ぶ四連の山の左から２番目の山の奥が203高地

写真1－15　望台山頂の15サンチカノン砲

写真1－16　カノン砲の砲尾　ロシア文字で1899年製造と書いてあるようだ

写真1－17　望台陥落直後　今も同じカノン砲が２門残っている（近現代ライブラリー蔵）。以下（近フォト蔵）と記す

写真1－18　戦前の東鶏冠山北保塁の観光絵ハガキ。低空から撮った航空写真と思われるが、同保塁が立体的によくわかる。中央の記念碑が建っている所が内庭、その下の細長い構造物が半地下式の兵舎である。

寂寞《せきばく》とした二竜山

二竜山は、残念ながら主な観光コースに入っておらず、曹さんも地元の人に道を尋ねながら連れて行ってくれた。確かに観光客は一人もおらず、ひっそりしているが一応駐車場と案内板はある。

細い山道を登っていくとベトンの壁面に入口があり、奥への連絡トンネルになっている。入口からすぐ、このトンネルに直行するように石造りの廊下があり、壁面にアーチ形の窓が並んでいる。窓から外の空間がよく見える。

ここは細長い地下兵舎だ。内部は全く損傷ないところをみると、攻撃ルートは反対側の可能性が強い。東鶏冠山北保塁でもそうだが、兵舎は攻撃正面より一番離れたところへ持ってきている。

階段になっている連絡トンネルを上りきると、山の頂上だが石碑以外はなにもない。十五サンチ加農砲坐があったところだ。木々で被われているため見晴らしが悪い。規模は東鶏冠山北堡塁より大きいそうだが、あまり全体像がよくわからなかった。

松樹山へは道が整備されていないとのことで断念し、水師営に向かう。

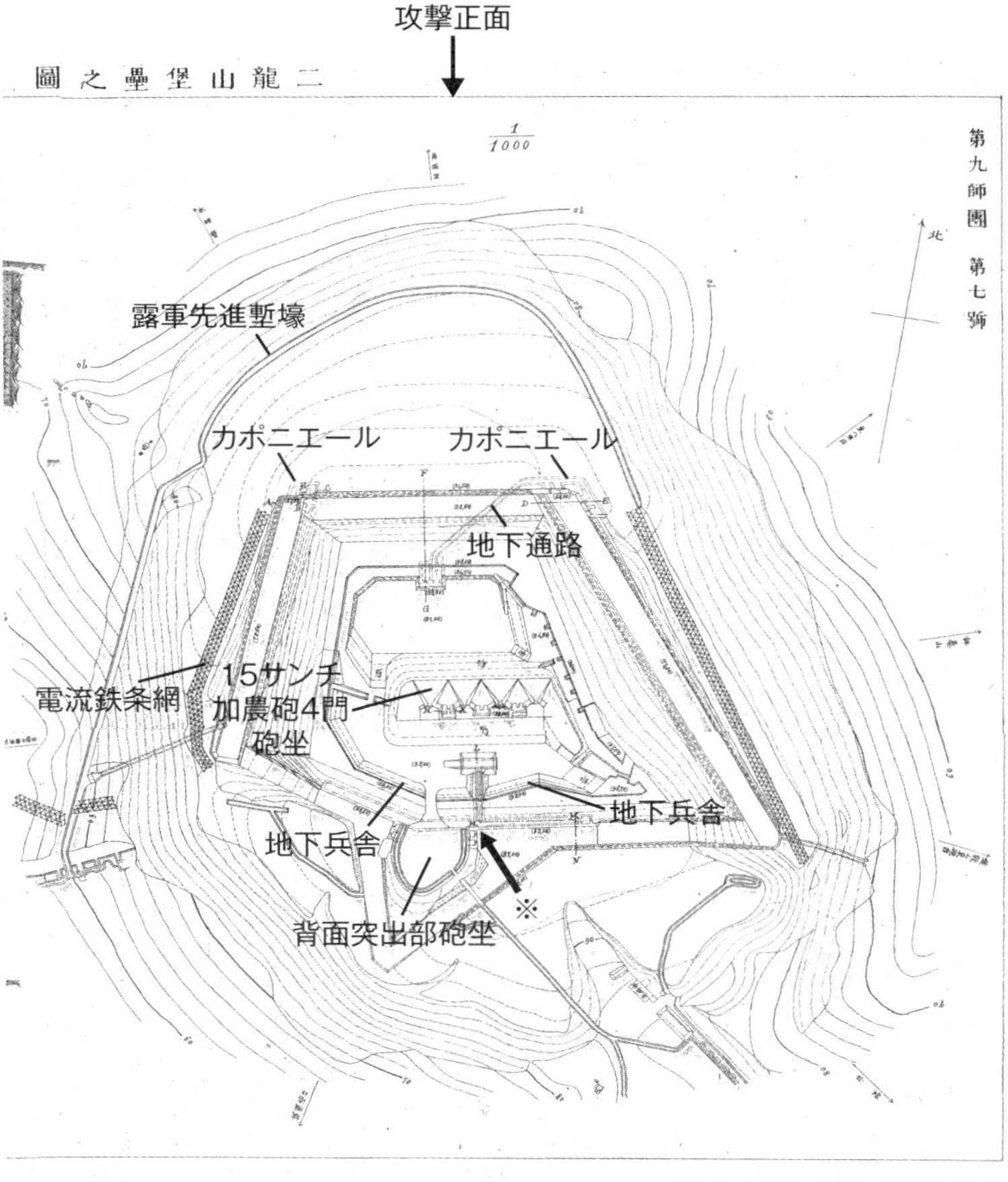

防衛省防衛研究所図書館蔵

図1－4　第九師団・第七号　二龍山堡塁之図

※図中の矢印は観光ルート入口（地下階段）

写真1－19　二龍山堡塁入口

写真1－20　二龍山地下兵舎　損傷もなく自由に通行できる

写真1－21　二龍山地下兵舎

写真１－22　地下兵舎の窓からみた外壕と外岸

写真1－23　外壕と頂上への連絡路

写真1－24　頂上への出口

写真1－25　頂上に立つ記念碑

写真1－26　二龍山占領後、破壊された外壕とカポニエール
（近フォト蔵）

水師営　漢詩「金州城外立斜陽」の石碑はきれいすぎた

乃木将軍とステッセル将軍の会見所が保存されている。旅順が一般に開放された年にボロボロだったのを再建したものである。

唱歌で有名なナツメの木が植えてあるが、接ぎ木をしたものかどうか疑わしい。ましてオリジナルであるはずがない。

日本人の聖地なので若い女性のガイドも日本語ペラペラだ。もともと民家であったが、古写真を見ると水師営小学堂（校）となっているが、会見時はどちらであったのだろうか。

屋内は古写真が壁に飾ってあり、一枚一枚丁寧に説明してくれる。両軍の軍人の名前もよく覚えており感心する。

会見に使われた机の横には、乃木の有名な「金州城外立斜陽」の漢詩の石碑が建ててある。机はともかく、句碑はきれいすぎる。

南山山頂の碑は、旅順刑務所記念館にあるので、この碑はなんだと突っ込みたくなるがぐっと抑える。

写真1－27　水師営会見所

写真1－28　水師営会見所

写真1－29　ナツメの木

写真1－30　会見所のテーブル

写真1－31　漢詩「金州城外立斜陽」の石碑

このレプリカからとった拓本をお土産にすすめられた。一万円。その他のインチキそうな小物もなんでも一万円。高すぎると彼女に言うと、

「最近、特に習近平になってから市政府も維持費を削るようになり、修理が大変なんです。時々雨漏りもします。日本人の方にはどの商品も高いのですが均一に一万円にして寄付をお願いしているのです」

ここまで言われると人の好い日本人は断りにくい。息子と相談の上、騙されたと知りつつ維持費をカンパするつもりで財布の紐を緩めた。

未来永劫この会見所が残ってくれますようにと祈らざるを得なかった。

二〇三高地からの展望　果たしてその真実は

ツアーの最後は、日本人にとって一番思い入れのある二〇三高地だ。

他の堡塁もそうだが戦後百十年、地面には木々が生い繁り、望台山頂上以外はどこも展望がよくない。

頂上には有名な乃木将軍建立の慰霊碑がある。

この砲弾型をした碑に、今までどれ程多くの日本人が参拝したことだろう。

ここから、さぞかし旅順港は手に取るように見えるだろうと期待したが、木々の間に途切れ

写真1－32　203高地頂上から見た旅順港

写真1－33　望遠レンズで見た旅順港

途切れに見える。しかも予想外に遠い。

ハゲ山だった当時は港全体が俯瞰できたはずだ。なぜなら、港を長方形に例えると長辺に相対する位置にあるので死角がない。ここを占拠する価値がよく判った。

二〇三高地は約六千名もの犠牲をはらった一大激戦地で、**旅順攻略戦のターニングポイント**になったと一般的には信じられている聖地である。が、**そうではないことが後世判明した**（詳しくは後述する）。

大激戦地であったこともあろうが、何も遺構が残っていないのは、強固な永久要塞の東北正面堡塁群と違い、臨時築城を補強しただけの陣地であった為と思われる。

帰りの山道の途中で曹さんが車を止めてくれた。乃木将軍の二男、保典中尉戦死の碑があった。伝令従事中、敵弾を受け壮烈な戦死であった。家族全員で手を合わせた。

総じて旅順要塞の各堡塁は、風致地区に指定されよく保存されている。

我々日本人としては、明治の先人が血で購った貴重な歴史の遺跡である。それを残して頂いて有難うと現地の人に頭が下がる思いである。

写真1－34　爾霊山慰霊碑

写真1－35　乃木次男保典少尉戦死の碑

しかし現実は、共産党政権が人民の教育基地に使っている面も見逃してはならない。人民に諸外国の侵略の後をみせ、人民は強くあらねばならない。弱い昔のシナを今日、強国たらしめたのは共産党であると宣伝したいのだ。

案内板にもそこかしこにこのニュアンスが盛り込んである。

現地で出版されている写真集『神秘的旅順』は、すばらしい重厚な本で今回、本書にも引用させてもらったがその中に次のようにある。

「日本とロシアの両列強の間において発生した争いの戦場は第三国を選んだ。中国を中立の立場に立たせた上、勝利した一方が中国の領土を占領するのが目的だった。これは世界的にも例を見ない不思議なニュースとなった。」

「帝国主義の二国による領土拡大だけの野心によって、この町の人々が味わった悲惨な過去は、耐えがたき屈辱以外の何物でもなかった（中略）。ここで暮らす先住民たちによって、史実はしっかりと伝承され、社会主義の教育基地になっているところもあった。」

シナの人民にとっては、不幸かつ迷惑この上ない遺構であることには留意すべきである。

しかし「日帝時代」の遺物をどんどん破壊し、日本憎しだけの感覚にこり固まっている韓国の単純さと比べ、負の遺産も政治利用するシナはなかなか巧妙である。

後日譚

帰国してから、ネットで旅順を検索していると、「大連世界旅行社」のホームページが目に入った。水師営の会見所は、全く別の所へ新たに作ったもの、会見の時使用したテーブルも偽物、二〇三高地で乃木保典が戦死した場所も別のところ、もちろん乃木将軍の漢詩の拓本をとった石碑もニセ物とのこと。

本物のツアーをしたければ是非我が社へという内容であった。

世界に冠たるニセ物大国のこと。

何を信じたら良いのか、わからなくなってきたが、幾多の日本人の血を吸ってきた旅順の山々だけが、時代を越えて我々に真実を物語ってくれている。

それだけで十分ではないかという気になってきた。

このまま、風致地区として、乱開発などで自然が破壊されないよう末永く保全されることを願ってやまない。

第二章　旅順攻略戦以前より苦難を運命づけられた第三軍

海軍に振り回された第三軍

……二泊三日という駆け足コースツアーとはいえ、前もって予習していったおかげで要塞地帯の地勢、中核要塞の基本構造などがしっかり頭に入った。

そのおかげで第三軍の攻略作戦が、よりヴィヴィッド（鮮明）にイメージしやすくなった。昔、NHKの「そのとき歴史は動いた」という魅力的な歴史番組があった。松平定知キャスターは歴史の検証には「現場第一主義」が必須の条件で、「現場に行けば何百年と経っていようと何か我々に訴えてくるものがあるはずだ」と言っておられたのを思い出した。

この章では、旅順攻略戦が始まる前に、第三軍はどのような立ち位置に置かれていたかを探ってみたい。

日露戦争は満洲から南下し、朝鮮半島まで触手をのばした露国と、なんとか独立と権益を守ろうとする我が国との、起こるべくして起こった必然的な戦いであった。そして、日本の勝利は世界史を大きく変えた。本書は歴史書ではないので、その歴史的意義は割愛する。

明治三十七年二月六日、露国と国交断絶同時に作戦開始発令

開戦初期における海軍の戦い

いつの世でも、海洋国の戦争開始はいつも海軍がイニシアチブをとる。

（日本帝國）連合艦隊主力は旅順港にせまり、二月八日、駆逐隊が奇襲攻撃をした。

一方巡洋艦部隊は仁川に向かい、九日港外へ出てきた敵巡ワリヤーグ、砲艦コレーツを撃破、自沈せしめ幸先の良い勝利を得た（仁川沖海戦）。

図2－1　「仁川沖海戦・旅順港急襲」地図
（『日露戦争百年』靖国神社遊就館蔵）

ところが、旅順攻撃部隊の方は、逆に港を守る要塞砲からさんざん射《い》すくめられ、撤退せざるを得なかった。

露艦隊はあえて決戦を避け港内に閉じこもり、ヨーロッパからバルチック艦隊が来航するまで戦力を保全する方針であった。

現代のように偵察衛星や無人機があるはずがない。要塞砲の配置や敵艦隊の位置がわかるすべもない。

敵艦隊が港外へ、いつ遊撃戦に出てくるかも知れず、そうなれば我が国のシーレーンは脅かされ大陸への輸送が途絶する。

そこで敵艦隊を港内へ閉じ込めてしまおうと海軍は考えた。

港の最狭部はわずか五百米、ここに老朽船を沈める「閉塞作戦」を三回実施するが、いずれも失敗。港口の砲台より狙い撃ちされるので、沈没点に達するまでに赤子の手をひねるように沈められたのである。

敵に発見されない暁倖《ぎょうこう》のみに期待し、同じ失敗を三度も繰り返した海軍の失敗はあまり非難されない。陸軍の旅順攻撃にくらべ死傷者が少なかったせいであろうか。

一回目の失敗後、敵砲台の見当はついているはずである。それを徹底的な艦砲射撃で無力化

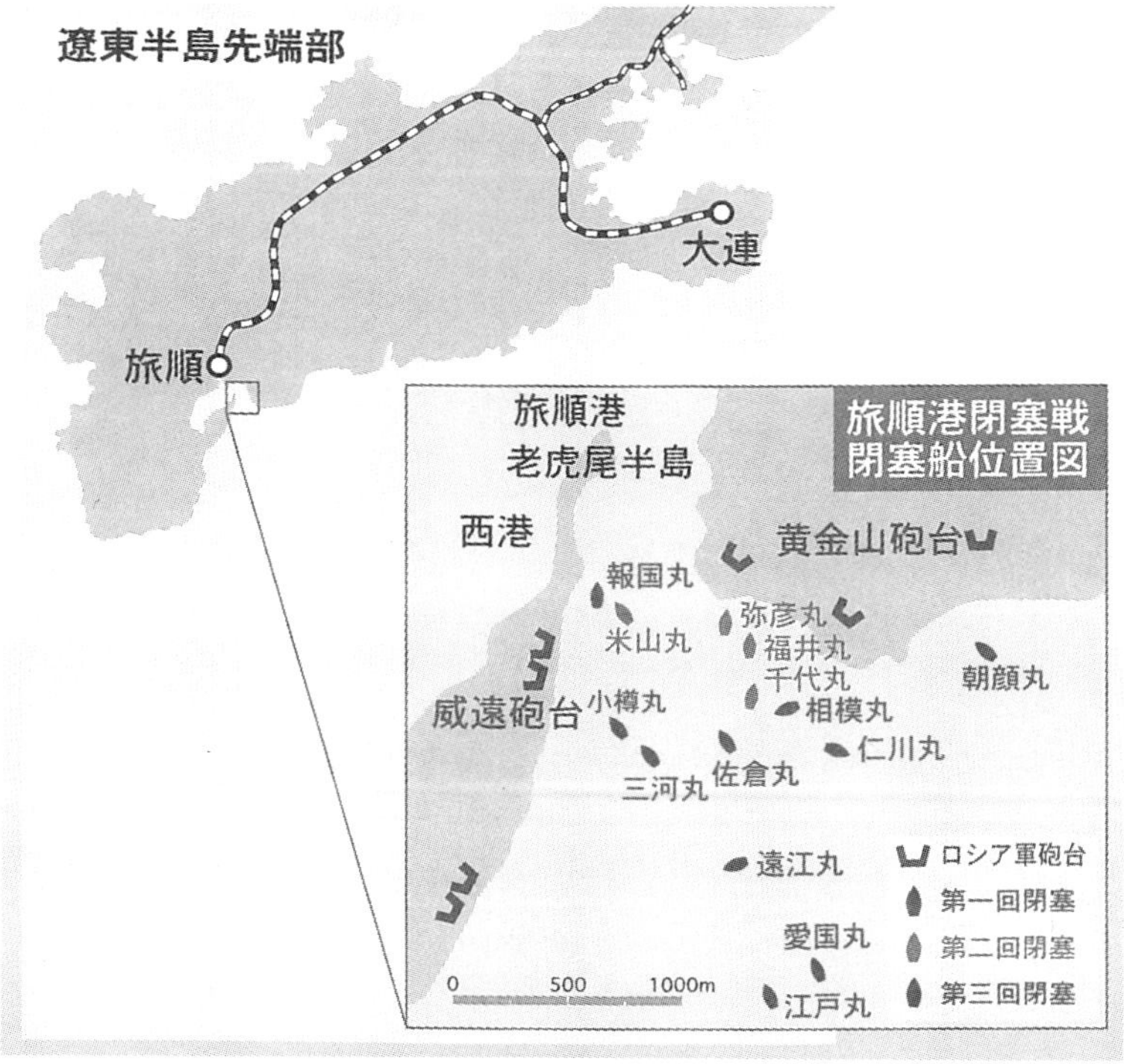

図2−2　「旅順港閉塞作戦」地図
（『日露戦争百年』靖国神社遊就館蔵）

してから施行すべきではなかったのか。
では、陸軍はどうだったのか。

中途半端な状態におかれていた第三軍

第一軍主力部隊は、三月七日、朝鮮半島に上陸。第二軍は五月五日、遼東半島に上陸。それに比べて旅順攻撃軍の第三軍は、六月一日、日本を出発、大連に上陸したのは六月六日である。

あまりにも実動が遅れている。

それには理由があった。

驚くべきことに**海軍は、単独で旅順を無力化しようとした**のである。

二回の閉塞作戦が失敗した後でも、「陸軍が要塞攻撃をすることは海軍の要請にあらず」と、せっかくの陸軍の申し出を断り、

奥瀬英三画（三笠保存会蔵）

図2−3　旅順口閉塞作戦の図　サーチライトで照射され閉塞船は狙い撃ちされた

〝手出し無用〟と四月六日に陸海軍協定まで結んでいる。

　これは海軍のうぬぼれというより〝面子の問題〟であろう。

　五月三日、三回目の閉塞作戦も失敗におわった。その十一日後、連合艦隊に最大の危機がおとずれる。

　旅順港外を遊弋《ゆうよく》していた封鎖艦隊のうち、戦艦「初瀬」と「八島」が露側の敷設した機雷に触雷し沈没してしまった。

　主力戦艦六隻が一挙に三分の二になってしまったのである。

　しかし――焦っているであろう――海軍からは、未だに陸上から

図2－4　日本軍の上陸・進攻図

第三軍の上陸日が6月6日と他の軍にくらべ遅れている。

の旅順攻略の要請はない。

陸軍は、第三軍を遼陽会戦と旅順のどちらにでも対処できるように配備し、第四軍を第一、二軍と同じく決戦兵力として北上させることにした。

第三軍は、このような中途半端な状態におかれていた。その中で、乃木軍に緻密な作戦を立てろという方が無理というものであろう。満洲軍の総参謀長　児玉源太郎自身「竹矢来でも組んでおけ」と、半ば、旅順は監視・警戒の対象としか考えていないふしもあった。

乃木も、友人の長谷川近衛師団長の鴨緑江渡河作戦成功を祝する書簡に、

「……第二軍も上陸以来諸事好都合の趣き、小生事は同軍の手伝然たる任務殆んど其後方守備に類し候」と書いている。

緊張感があまり感じられない。

露国は戦局を挽回するため、五月二十日、ヨーロッパロシアよりバルチック艦隊を極東に回航すると発表。旅順港内の敵艦隊は無傷で潜んでいる。

海軍は焦りだした。

封鎖艦隊を日本に帰し、艦船整備に着手しなければならなくなった。

なぜもっと前から海軍は、陸軍に陸からの攻略を依頼しなかったのか。

七月十二日になってようやく海軍は、陸軍による旅順攻略を、大本営会議で正式に依頼するのである。

開戦より遅れること五ヵ月。この期間、要塞は完全なものではなかったことを考えると、**海軍の縄張り根性**のおかげで、陸海統合作戦ができなかったのが悔やまれるのである。

これが第三軍の悲劇の始まりであるが、もとより乃木、伊地知のあずかり知らぬところである。

昔から陸海統合作戦が出来なかった日本

陸軍兵力は露が十倍、海軍主力艦船数は約二倍、誰が見ても勝てる相手ではない。

どうするか。

――勝てなくてもよいから負けぬこと――

すなわち、引きどころ（講和）を前提として一戦を交え、目的を敵の侵略意志を挫折させること一本に絞った。

圧倒的な戦力差のある敵に有利な講和を求めるには、短期決戦で圧倒的勝利をおさめ、敵の戦闘意欲を喪失させるしかない。

長期戦にもち込まれては、万に一つの勝ち目もないからである。

そのためには、陸軍は十倍もの兵力差があるので、広い露国全土から、全兵力が満洲に集中する前に個別撃破する必要がある。

海軍は主力艦の差が二倍なので、まず半数の旅順艦隊を撃破し、やがてヨーロッパロシアより来航するバルチック艦隊と決戦に持ち込むことができれば、どちらの局面でも一対一の戦争ができる。

すなわち、陸海軍共、個別撃破という点では同じ考え方であった。

にもかかわらず、陸海協調ができないとはどういうことであろう。

海軍の過剰な自立自尊意識は伏線がある。


もともと建軍以来、陸主海従で、初代海軍郷西郷従道からして陸軍からの移籍組である。

当然、海軍司令部は陸軍参謀本部の下に置かれていた。

ところが、日清戦争後、山本権兵衛は軍令の陸海対等を強固に主張した。彼は海軍の父とも呼ばれるが、「海軍あって国家なし」とも揶揄される人物である。

結果、「戦時大本営条例」は改定された。

陸海バラバラに作戦が立てられるようになったのである。

余談になるが、大東亜戦争の敗因の一つに、陸海軍の連携のまずさがあげられる。それどころか、自分の持つ情報ですら相手に教えない結果、敗けに敗けが重なり国家の破滅につながっていった事例は枚挙にいとまがない。

一例をあげると開戦直前の基本戦略は、太平洋方面はマリアナ－パラオの線での持久戦略であったはずであるが、海軍は陸軍に隠し、この防衛ラインよりも外へ、前進基地を求めた。米軍の反撃がはじまると、海軍は、あわてて陸軍を説得し攻勢終末点[1]を越えて遠方の島々へ派兵したのである。

補給もままならぬ地域に広く分散された軍隊は、もはや遊兵でしかない。米軍にいともたやすく個別撃破されていくのは理の当然であった。

我が国の陸海軍が共同目標に対し、胸襟を開いて論理的に策を練りお互いに納得する作戦を作り上げてゆくという姿勢は、大東亜戦争に敗れるまでついぞ見られることはなかった。

この致命的な欠陥は、日露戦争にすでにその萌芽が見えるのである。

これに懲りて戦後の自衛隊は、陸軍士官学校と海軍兵学校を統合した教育機関、防衛大学校を創り、学生の頃から陸海空統合作戦が円滑になるように工夫している。

（1）　攻勢終末点…補給が確保できる最大の進出距離。

ちなみに異種兵科の統合作戦が一番進歩しているのは米軍で、なんと対日戦争末期より実践しているのである。

第三軍攻略目標「地上から旅順を攻撃」と決まったが……

開戦後五ヵ月にして、やっと陸海軍協定で陸軍に「地上から旅順を攻撃してもらいたい」という誠に人を馬鹿にしたような取り決めがなされた。

第三軍の攻略目標はやっと定まった。

一、陸軍本来の目的　旅順を陥とすこと。
二、海軍のため、陸上より港内に潜む敵艦を砲撃し破壊せしめること

すでに上陸していた第二軍は、金州城を陥し陣地というより半要塞と言ってもよい南山を占領したが、露軍の強力な火力と頑強な抵抗のため四千五百もの死傷者を出した。この戦いで乃木の長男勝典が戦死している。日清戦争の清国軍と違い、露軍の士気の高さ、精強さは、第二軍の後を受けて上陸してきた第三軍にも当然情報として伝えられた。

乃木は大連に上陸した翌七日、金州南山で戦死した英霊に有名な「山川草木」の漢詩を捧げている。

写真2－1　二人の息子の写真を持つ出征直前の乃木（乃木神社蔵）

山川草木転荒涼　山川草木うたた荒涼
十里風腥新戦場　十里風なまぐさし新戦場
征馬不前人不語　征馬すすまず人語らず
金州城外立斜陽　金州城外斜陽に立つ

余談だが南山山頂にあったこの句碑は文化大革命で撤去され、現在は旅順の日露刑務所旧址にある。

海軍からの旅順攻略の正式要請がないとは言え、第三軍もバカではない。北進している友軍への合流以前に目前の目標をどうするか。手強い露軍を目の当たりにし容易ならざる戦いに違いないと覚悟を新たにしていたのである。

軍容は司令官乃木希典の下に、参謀長伊知地幸介、砲兵部長豊島陽蔵、参謀副長大庭二郎、兵站参謀井上幾太郎等で、麾下《きか》に第一師団（東京）第九師団（金沢）第十一師団（善通寺）があった。

司令部内では攻城専門家の井上幾太郎が中心となって一刻も早く、敵の旅順要塞が完成する前に攻撃すべしとの意見が強かったが、慎重な伊地知はこれを押え、乃木も同意し、**十分な攻**

撃火力が備わってから行動を開始したのである。

六月二六日より攻撃開始。

第十一師団が歪頭山、第一師団が剣山、第九師団が三四八高地を占領した。

しかし頑強な露軍に奪い返されることもあり、敵の前哨陣地といえども苦戦はまぬがれなかった。

大本営		
参謀総長	山縣	有朋
参謀次長	長岡	外史

満洲軍総司令部					
総司令官	大山	巌	第一課参謀	松川	敏胤
総参謀長	児玉	源太郎	第二課参謀	福島	安正
			第三課参謀	井口	省吾

第三軍司令部					
司令官	乃木	希典	参謀副長	大庭	二郎
参謀長	伊地知	幸介	作戦参謀	白井	二郎
砲兵部長	豊島	陽蔵	兵站参謀	井上	幾太郎

図2−5　軍司令部要員

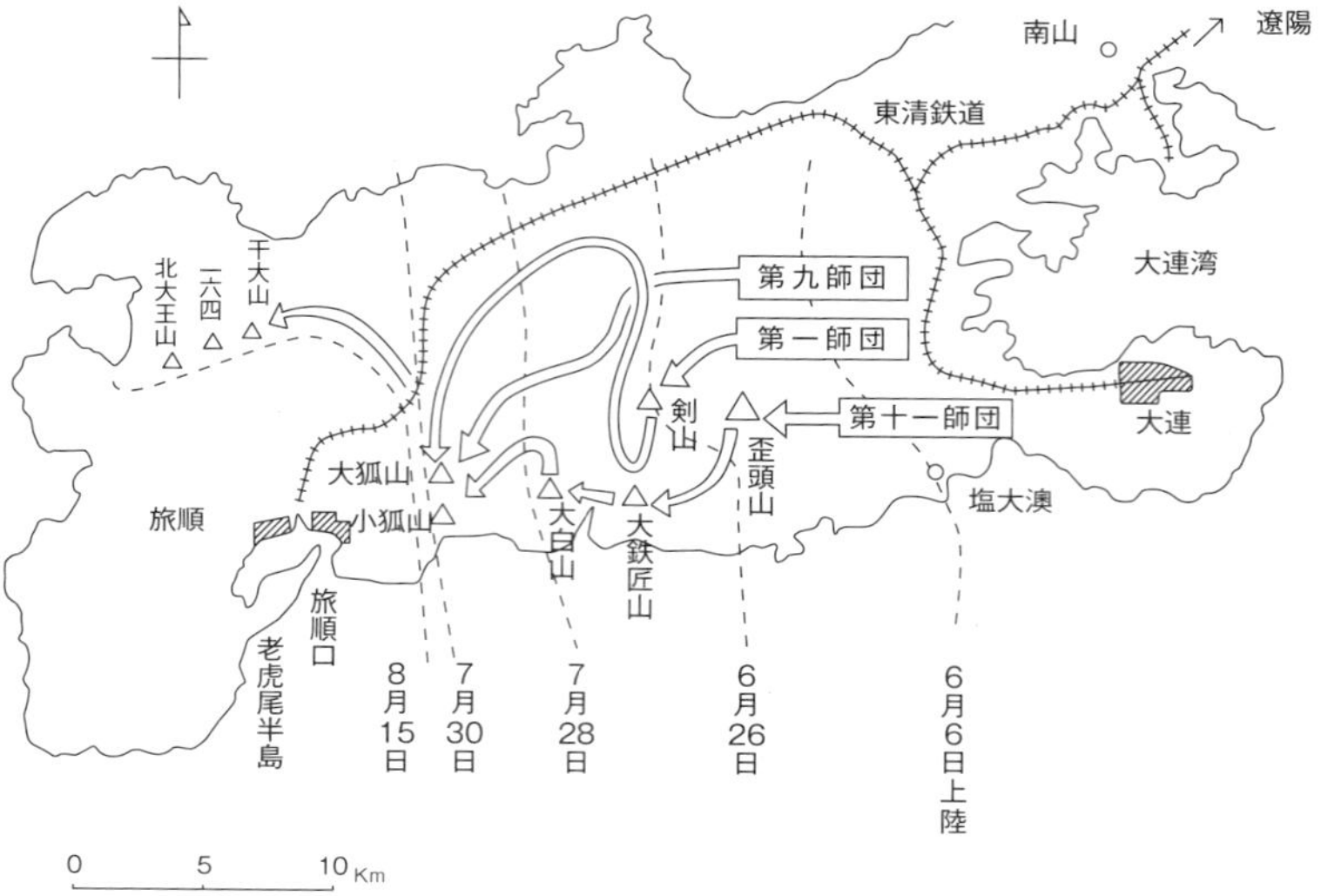

図2－6　第三軍進攻図（6月6日～8月15日）

死傷者千二百五十八名、大孤山占領

大孤山と小孤山は旅順港から七、八キロ東に位置する孤立した山である。『肉弾』の著者桜井忠温中尉は次のように記している。

「大孤山は標高百八十八米の孤立せる山にして、其の西南面は旅順の諸要塞を俯視し、北西面は我左縦隊及び中央縦隊の包囲線内を瞰下《かんか》して、殆んど攀登すべからず」

まさに地の利を得た難攻堅陣ではないか。八月七日夕刻重砲の砲撃がはじまった。我軍の砲撃を「殊に我砲弾が大孤山の岩角に突當るや、淡黄白色の閃光を放って、岩を砕いて飛ばす、その凄ましさ、(中略)然れども敵の砲力の我に優りしは素より、而も嶮要を恃んで以て、我れを見下しに撃つのであったから、我砲兵は非常の苦戦、それのみか非常の損害を蒙るのであった」とある。

いかがであろうか。まだ旅順の外廓陣地のひとつに過ぎなくてもこの火力である。露軍の中枢要塞はいか程の火力であろうか。

乃木・伊地知コンビが早期進撃論を押え込み〝攻城火力が整うまで待つ〟という炯眼《けいがん》に頭が

下がる思いである。

夜、第十一師団が強雨の中突撃を繰り返すも「敵は探照燈を照らし、光弾を放つ等、凡そありとあらゆる方策を廻らして、我が攀登を防げたるを以て夜襲は到底不可能」で攻撃は翌朝に持ち越された。露軍は火力だけではなく士気も旺盛であった。

「彼等は決して退かぬ。生命を取らる々迄も、頑然として死守の態度を改めず、味方は自分唯一人となっても、矢張り射撃を持続し、我兵が近づき迫れば、銃剣を揮って之に擬し、死するか、降伏するか迄は、敢然として戦ってゐるのであった」。やはり清国兵と違うのである。

八月八日午後八時半、遂に第十一師団は大孤山奮取、小孤山も死闘の末翌日早朝占領した。この戦いで千二百五十八名の死傷者を出した。でも、その犠牲の見返りは大きかった。

海軍重砲隊の活躍と黄海海戦

大孤山占領の知らせを受けた海軍は、すぐに旅順港を見渡せる頂上に観測所を設けた。八月七日より一二サンチ加農砲が火を吹いた。

海軍重砲中隊を指揮したのは永野修身中尉である。後に日米開戦時軍令部総長となった人であるが、敵艦が白玉山の南に碇泊しているのを見て「かつて夢寝の間も忘れぬ不倶戴天の仇に巡りあった思ひで勇み立ち」撃ちまくったと回想している（伯爵『山本権兵衛伝』）。

砲弾は次々市街に落下し市民を恐怖のどん底に追い込んだ。さらに海軍施設や貯油庫・火薬庫にも着弾し大きな被害を与えた。

九日とうとう、ロシア艦隊にも命中しだした。戦艦レトウィザンとペレスウェートに砲弾多数命中し、多大な人的、物的被害が生じた。

たかだか一二サンチ砲なので戦艦を撃沈とはいかないが、なにしろ瞬発的に発火する下瀬火薬を使っている。艦上構造物にはかなりのダメージを与えたことであろう。

なお海軍重砲隊のすごさは、要塞陥落までに約一万七千発もぶち込んでおり、敵艦隊は港内に止まればどうなるかは火を見るよりも明らかだった。

露艦隊司令官ウィトゲットは、坐して死ぬより一戦を覚悟して脱出することを決心した。目的地はウラジオストック。

ここに逃げ込めばバルチック艦隊と合流し日本艦隊に倍する戦力になる。黄海の戦いの始まりである。

待ち構えていた東郷平八郎提督の連合艦隊とたちまち戦闘に入ったが、東郷は「丁字戦法」（敵艦隊を横切るように進み全火力をもって敵艦隊を個別撃破すること）をかわされ逃げられそうになった。しかし命中力に優る我が艦隊の砲撃はやがて敵旗艦ツェザレウィッチを捕へた。艦橋に直撃弾を与え、敵司令官を吹き飛ばした。

　これが契機になり潮目が変わった。


　乱打された露艦隊は惨憺たる情況になり、各艦てんでバラバラに逃げ出した。

　連合艦隊は敵を撃滅できなかったが、満身創痍となった露戦艦五隻、巡洋艦一隻、駆逐艦三隻は旅順に逃げ戻り、他は上海等の中立港に逃げて武装解除された。

　結果的に旅順艦隊は痛撃され二度と出撃できなくなったのである。

　ロシア側は破壊された艦船より大砲を陸揚げし要塞砲として再利用した。又、水兵も陸兵として配置換えした。残念ながらこの港に浮かぶ生きた屍の惨状は我が方の知るところではなかった。

写真2－2　海軍陣地から砲撃を受ける港内（近フォト蔵）

諜報収集力弱き日本

後知恵になるが、旅順艦隊の実質上の潰滅を大本営が知っていれば、直ちに連合艦隊の封鎖作戦を中止・内地に回航し、バルチック艦隊の来航に備えることができた。従って第三軍も海軍からの要請である〝敵艦砲撃拠点確保〟という難事を押し付けられることなく、本来の仕事のみに専念できたのである（すでに陸軍は要塞の封鎖ではだめで、陥落させねば兵站基地大連が危ないとの考え方に変わっていた）。

諜報将校・明石元二郎のように、ヨーロッパで国際的に謀略をはりめぐらす程のスケールでなくとも、局所的な戦場諜報は得られなかったものだろうか。

大本営の諜報組織の誉田甚八参謀は「満洲各軍の諜報は支那人を使役して、よく露軍の状態を審らかにすることができ」と述べている。

日露両軍は二重スパイを覚悟で現地支那人を使っていたのである。旅順市街はロシア人・支那人混住の地である。

支那人間諜《かんちょう》を利用して、露艦の傷み方ぐらいは把握できそうなものだが。

ともあれ第三軍の大孤山攻略は、強固な殻にこもっていた旅順艦隊を追い出した。結果論としてキツツキ戦法が成功したのであった。このおかげで**黄海海戦が生じ日露戦争勝利の一里塚**となるのである。

この意味で第三軍の大孤山の戦いは、戦史上もっと評価されてよい。黄海海戦の勝利にかすんでしまったのは第三軍にとって気の毒な気がする。

第三章　旅順要塞攻略は東北方面と決めた乃木軍

当時の第三軍と同じ立場で作戦を考える

私は旅順ツアーのおかげで、各要塞群の位置関係が頭に入力されてしまっている。しかし百十年前の第三軍は、殆んど情報なしで、参謀本部提供の不完全な地図だけを頼りに攻囲戦線を絞らざるを得なかった。

その第三軍の立場にたって、どこからまず攻めるべきかを本章で検討してみたい。

乃木軍は司令部を東清鉄道沿線の柳樹房という小寒村におき、攻城資材集積地を隣接する周家屯に定めた。

地図上では最も近い東北正面要塞群から約七・二キロ、山影なので敵砲火の直撃は受けないものの敵陣にかなり近い。

地元の豪農、周夫妻の民家を借り司令部が入った。

狭いので司令部要員全員を起居させるわけにはいかない。スタッフは近所で分散居住したと思われる。

ここから斥候を出して敵陣の偵察にいった。当時の古写真を見るとすべてはげ山ではあったが、砲台や銃眼は巧みに隠蔽されたいた。麓から見ると鉄条網の位置ぐらいは確認できたが、細かい敵火力網はいくら双眼鏡で目を凝らして見ても判るはずがない。

やはり地図を頼りに作戦がたてられたのであろう。

攻撃正面をめぐる諸問題　東北か西か

開戦前より、旅順要塞攻略は東北方面にすべきか、西方面からか意見が別れるところであった。

『坂の上の雲』を書くにあたり、司馬さんは旅順の地図に自分の作戦を何度も書き込んでは訂正するという作業を繰り返したという。結果、西方向が有利との結論に至った。

司馬さんは職業軍人ではないが、短期現役の元戦車隊将校、多少の戦術の知識はあると自負している。

ならば全くのドシロウトの私も、大胆にも司馬さんの向こうをはって、参謀本部編纂、明治三七、八年日露戦史・第五巻附図をトレースし、自分の頭で考えてみることにした。

従来の戦史書の地図は詳細すぎてわかりづらいので、思いきってデフォルメした。

これから同じ地図を何回も用いるが、局面により、名前を省略したり加えたりする。

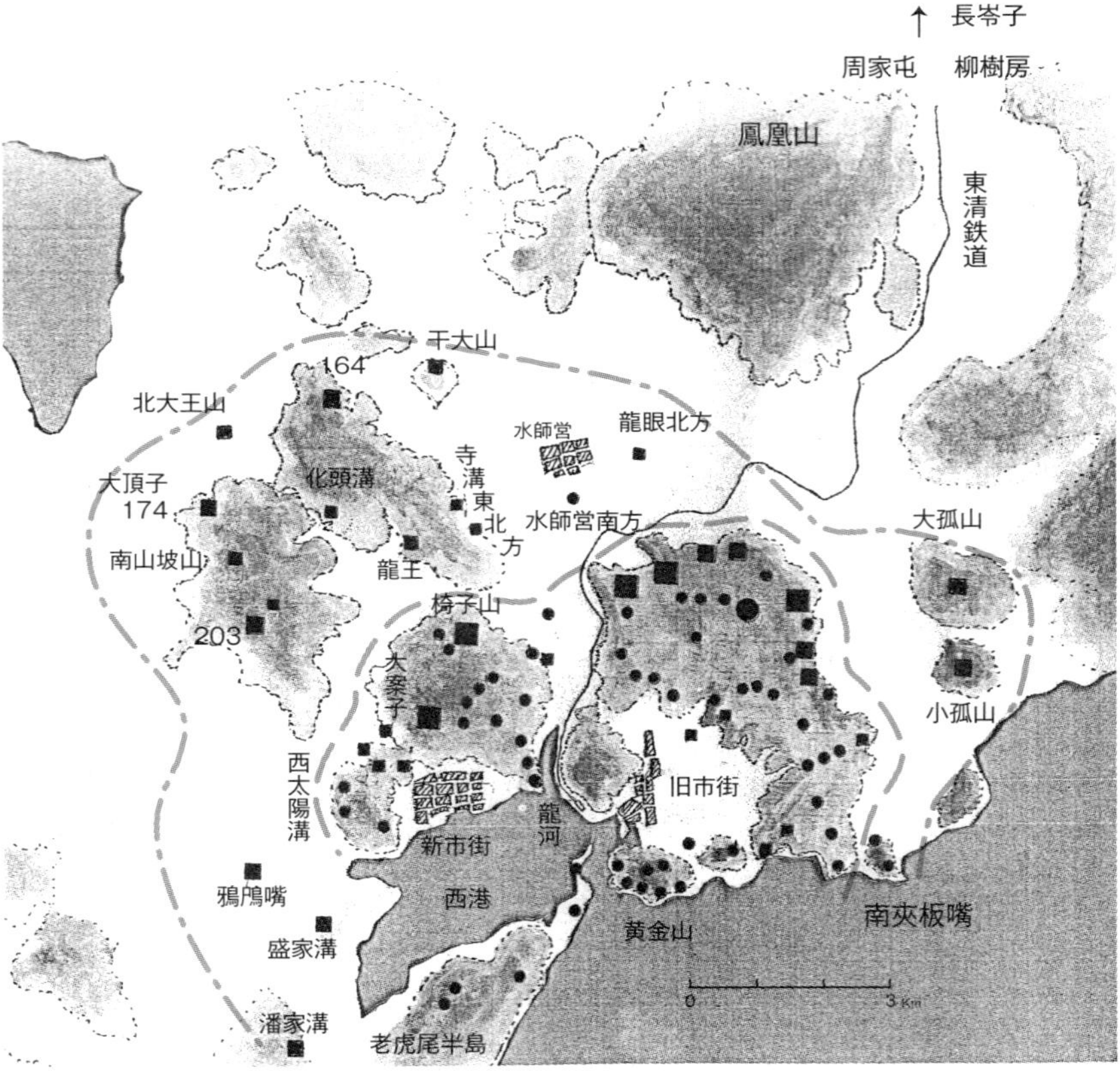
長岑子
周家屯
柳樹房
鳳凰山
東清鉄道
干大山
164
北大王山
水師営
龍眼北方
寺溝東北方
大頂子
174
化頭溝
水師営南方
大孤山
南山坡山
龍王
椅子山
203
大案子
小孤山
西太陽溝
旧市街
新市街
龍河
鴉鳴嘴
西港
南夾板嘴
黄金山
盛家溝
0
3 Km
潘家溝
老虎尾半島

図3－1　開戦前旅順要塞

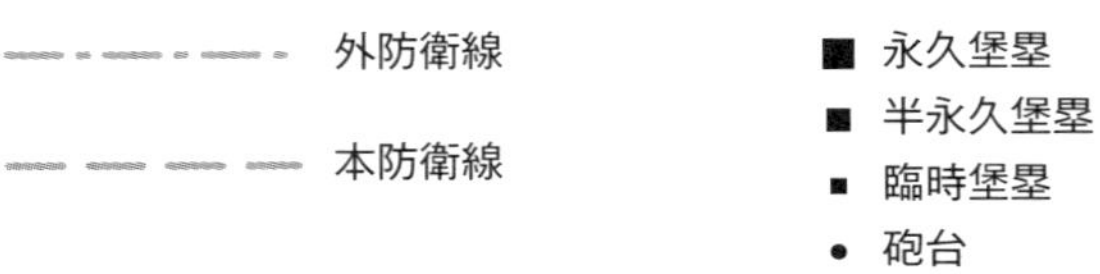
外防衛線
本防衛線
永久堡塁
半永久堡塁
臨時堡塁
砲台

大きい四角は永久堡塁、中及び小は半永久堡塁及び強化陣地（塹壕）、丸い点は砲台である。

地図を眺めると確かに東北正面は永久陣地が密集しているが、西方面は前進陣地（外防衛線内の外廓陣地）は多いものの、まばらで、永久堡塁は少ない。

さらに運が悪いことには、参謀本部が第三軍に渡した地図には、五つの前進陣地、龍眼北方、水師営南方、龍王、南山披山、二〇三高地が抜けていた（情報収集能力欠除）。

これでは、地図だけ見れば、西方面が手薄なことは誰でもわかることであり、西方面主攻に魅惑されるのは当然である。

第三軍の中でも意見は半分に別れた。

しかし参謀副長大庭二郎中佐らは、あえて攻略が困難であろうとされる東北正面主攻説を強調し、乃木軍司令官の採用するところとなった。

第三軍が東北正面主攻説をとった根拠

私はかねがね、兵站と兵力集中の二点より「東北説」がとられたのではないかと勝手に思っていたが、最近、歴史家・長南政義氏がこの根拠を実証された。

氏が最近発刊された労作『日露戦争第三軍関係資料集』は従来の史書と異なり、第三軍現場の参謀達の生々しい日記をもとにしているだけに、より真実に迫る記録である。

氏は資料が保管されている所蔵先のみならず、日記の著書のご遺族をも訪問されている。従来の第三軍陸戦の解釈をコペルニクス的に転換させるほど大きなものであり、大変な労作である。今後は、第三軍首脳部の汚名をそそぐ、第三軍研究者のバイブル的なものになると考えられる。

拙書においても、その推論の根拠は、多くがこの書に基づいている。本文中の「井上幾太郎日記」「大庭二郎日記」及び白井二郎参謀などの資料及び解説は、すべて図書刊行会発行の長南政義編著『日露戦争第三軍関係資料集』（以下『長南編書』とする）から引用させて頂いたことをお断りしておく。

兵站と兵力集中の二点について要約する。

一、兵站について（第三軍参謀井上幾太郎日記『長南編書』635頁〜）

（一）大連から重砲などの攻城材料を（露側が破壊した）鉄道を修復しつつ輸送しなければならないが、終末停車場をどこに置くかが問題となった。ロジスティックベース、すなわち兵站基地設置場所問題である。

（二）周家屯（第三軍司令部の柳樹房と隣同士）が最適と判断
しかし大孤山よりわずか八〜九キロ、ここに砲台を構える敵の射程内ぎりぎりなので、
大孤山を陥としてからのこととなった。

（三）しかし、当時の鉄道隊は民間人であり、絶対に敵弾のとどかない、更に北方の長苓子
に兵站基地を置くことに固守して譲らず。

（四）やむを得ず、軽便鉄道（トロッコ）を長苓子から周家屯にひき、夜間人力で運んだ。
周家屯まで鉄道がひかれたのは、攻略戦中期になってからである。
この苦い経験から、後に軍の一組織としての鉄道連隊が創設されるのである。

それでは、東北正面の最高地点（一八五米）の望台から、日本軍側はどう見えるのか。
望台からの一大パノラマをスケッチしてみた。
要塞本防衛線の多くの堡塁・砲台の前を東から西へと、鉄道と幹線道路が横切っているのが
手にとるように見える。一望千里。（図3－2）
逆に、日本軍から、南方の要塞側（東北正面）を仰視したパノラマをスケッチした。どの山
の頂点からも我が方に狙いをつけられているようで圧迫感がある。（図3－3）

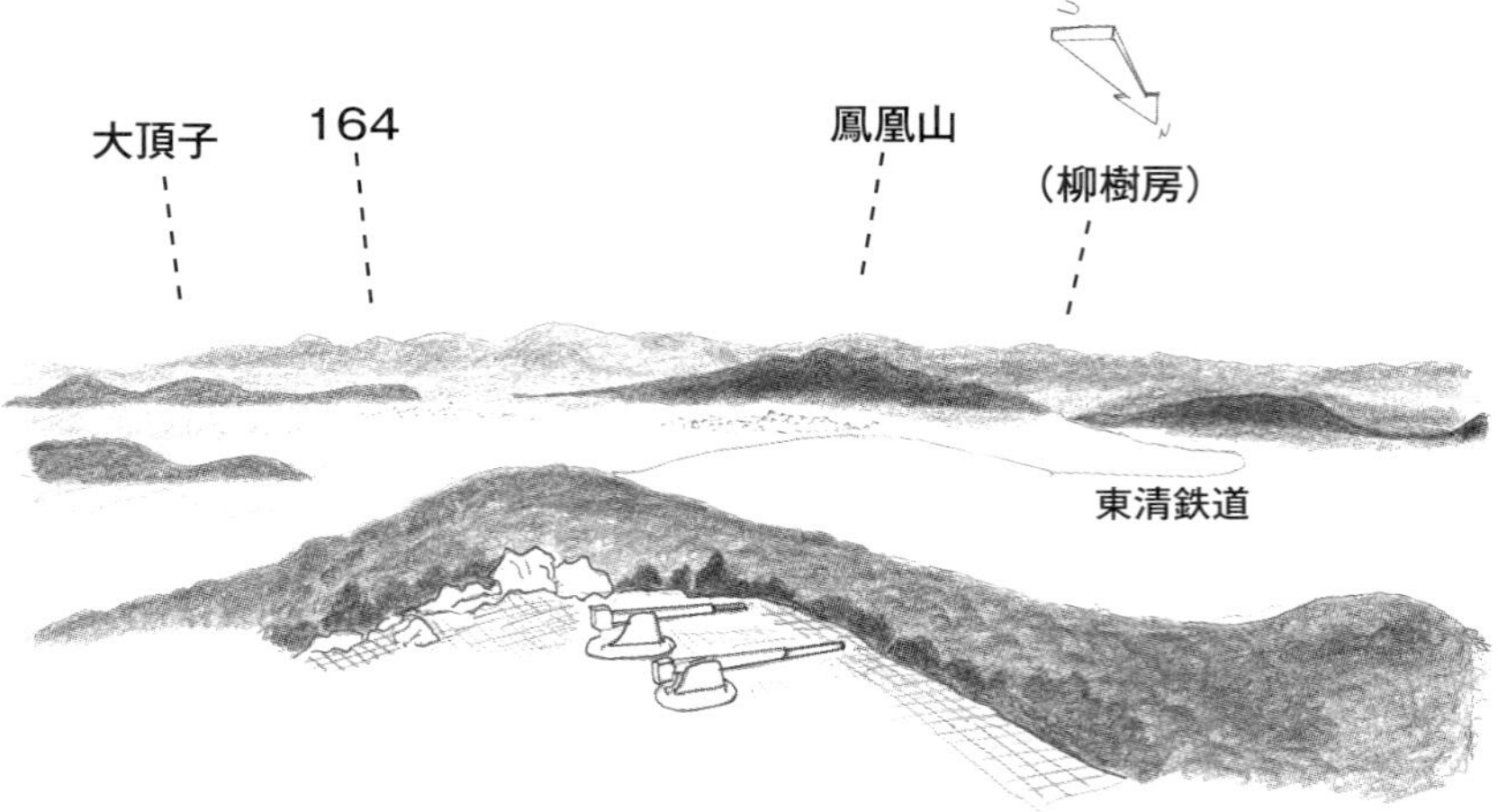

図3－2　望台から北方を眺める

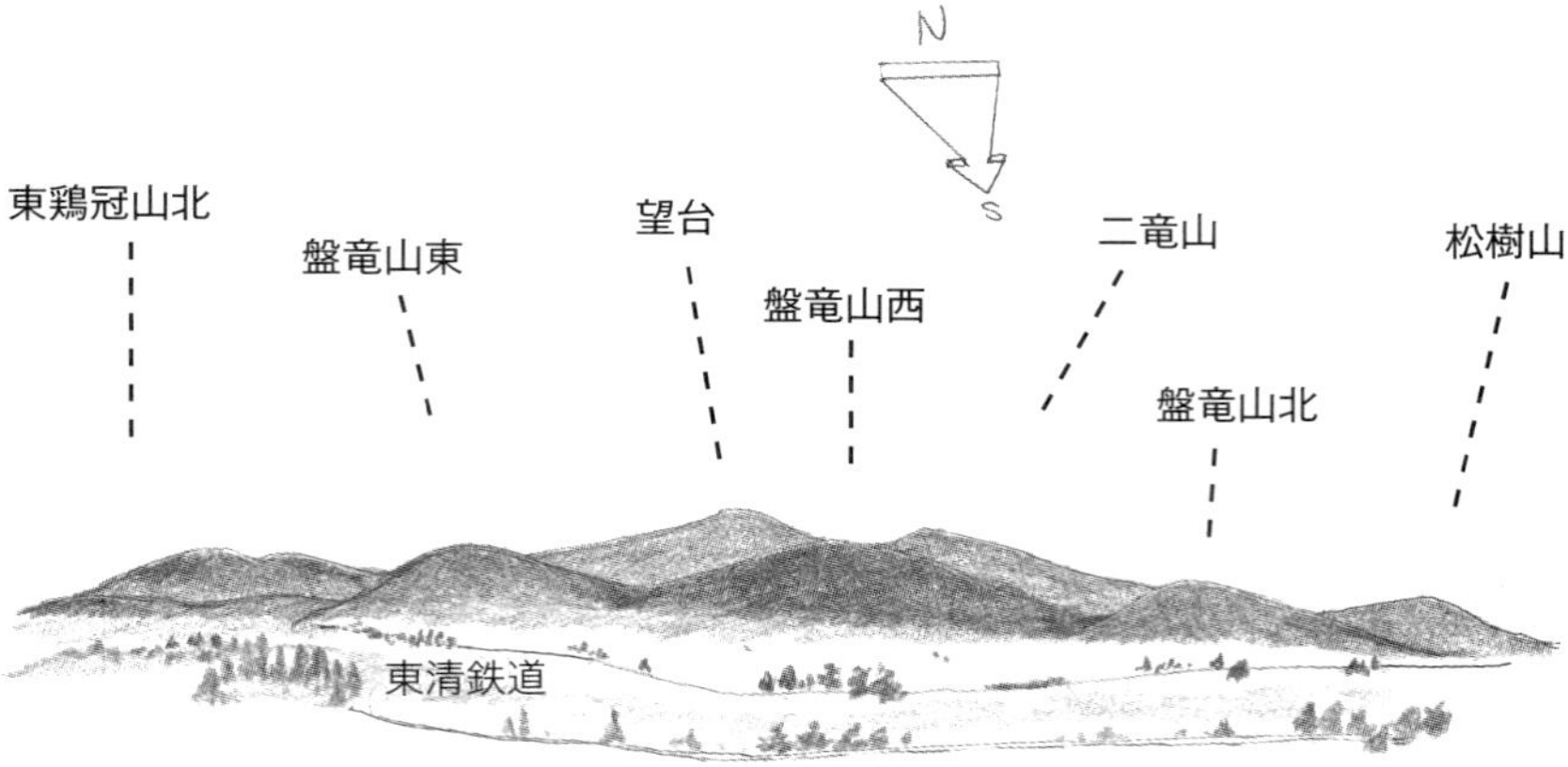

図3－3　水師営東方より南の要塞群を眺める

この地勢で、敵の射撃に身をさらさずに、どのようにして莫大な攻城材料を西正面に輸送できるのか。夜間でも、サーチライトや照明弾を使われれば白日のもとにさらされるのと同じだ。

二、兵力の集中について（第三軍参謀白井二郎日露戦役経歴談　陸軍大学校課外講演集第一輯『長南編書』561頁～）

西主攻の場合、永久要塞は少ないものの前進陣地をひとつずつ潰さねばならないが、西へまわり込もうとする我が軍に、東北正面からも敵は射撃をしてくる。よって、西のみならず東北にも火力を割かねばならず、戦術上一番忌むべき兵力の分散となる。

この二点から考えてみると、やはり乃木軍司令部の**東北正面主攻説は理論的にも現実的にも正しかった**と言わざるを得ない。

西正面主攻説の強硬論者だった長岡

参謀本部次長長岡外史は、「プロペラ髭」と呼ばれる長大な髭ばかりが強調されるユニークな人物であるが、新しいものはどしどし取り入れる柔軟な思考の持ち主であった。

後年、陸軍にスキーを導入したり、飛行機に関心を持ったりする。

それはそれで素晴らしいことではあるが、一方、思いつきのまま、突っ走るところがあったとされる。

長岡はいかにも彼らしく、奇抜な作戦を思いたった。

なんと、西正面要塞群を大きく迂回して、二〇三高地の西の平坦なルートを旅順中心部へなだれ込むというものである。

しかも奇襲で。（図3－4）

「全力を西方に移し奇襲的に勝を制するが宣しい。（中略）此方面は薄弱に相違ない」（長岡外史関係文書回顧録篇）（『機密日露戦史』）

写真3－1　参謀本部次長
長岡外史（近フォト蔵）

どういう根拠で長岡は西がよいと断定したのか。

大本営の中で、地図を見ただけで直感が働いたのか。

「奇襲」とは砲兵の援護射撃なしに、歩兵だけが夜又は霧の日に敵の目をかすめて一気に攻

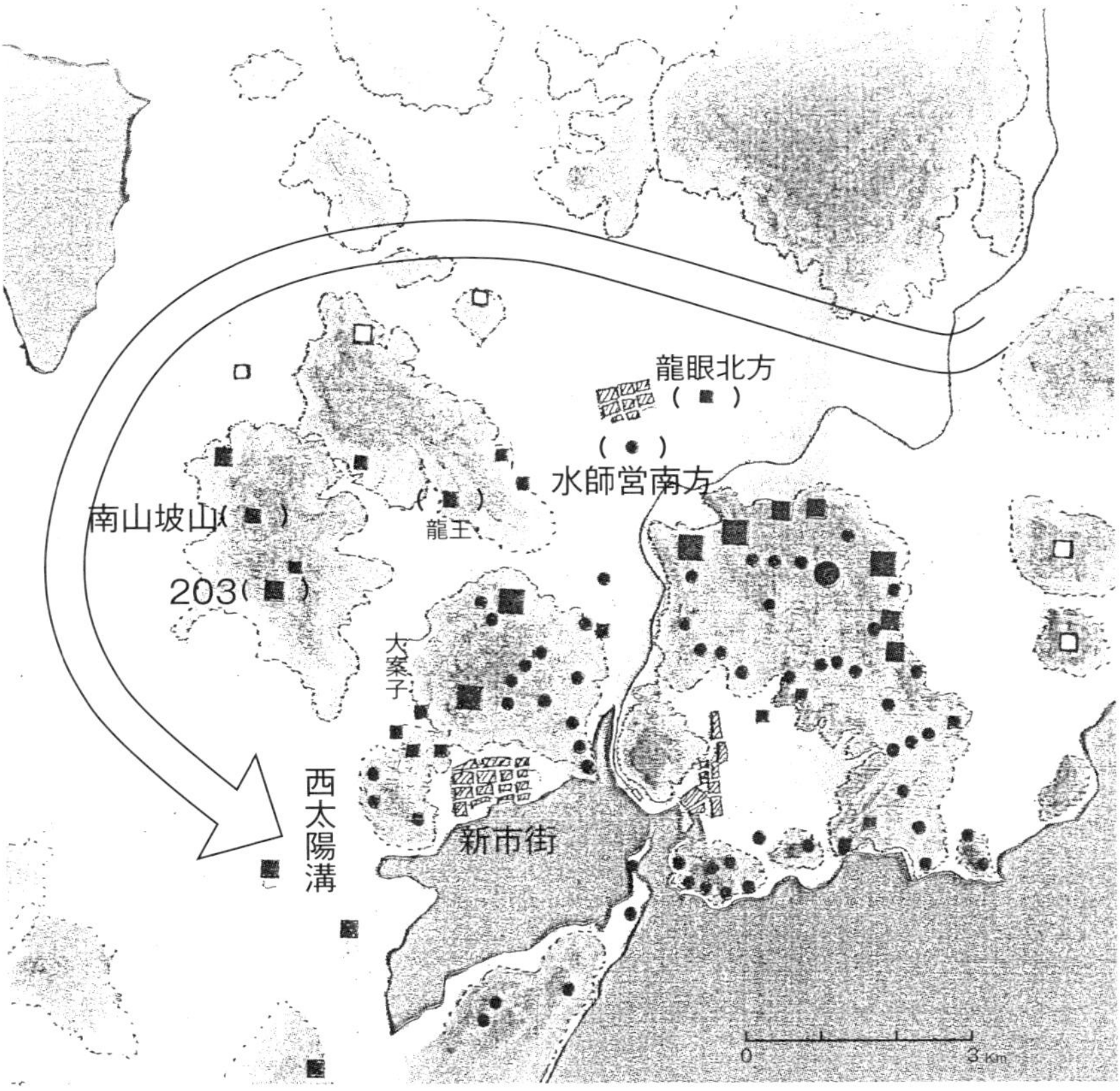

図3－4　奇襲攻撃ルート
□の白抜きマークは占領陣地
(　)の陣地は参謀本部から第三軍に渡された地図にのっていなかった

め込むことである。

地図を見ると、確かに二〇三高地西方向には砲台が少ない。しかも平坦なので行軍スピードは早いであろう。しかし運良く無事奇襲隊が駆け抜けたとしても、新市街を取り囲む、最後の防衛線の西太陽溝・大案子山の堡塁・砲台を裸の部隊が突破できるのか。

飛び道具と言えば、弓矢しかなかった義経の頃の鵯越えの奇襲ではあるまいに、夜間でも、照明弾やサーチライトを持っている敵陣からの狙い撃ちをどうかわすのか。

しかし、頑なに西正面主攻説を信じる長岡は、陸大一期の親友で満洲軍参謀になった井口省吾が満洲に赴任する際、第三軍司令部に立ち寄らせ、東北正面主攻を翻意させようとした。井口も長岡と全く同意見である。

第三軍司令部内で、井口は慎重な伊地知参謀長と激論になり、あわや殴り合い寸前にまでなったという。

決断の遅い伊地知といわれるが断固西主攻説をはねつけた。前哨戦で露軍の精強さを見ているだけにさすがは要点をつかんでいるのである。

参謀本部の西正面主攻説をとっていれば、確実に大損害を被っていただろう。まして参謀本部が第三軍に渡した地図には、龍眼北方、水師営南方、龍王廟山、南山坡山、二〇三高地の各

堡塁の記載がなかったのである。（日露戦役経歴談・井上幾太郎『長南編書』627頁〜）

井口は悄然と満洲軍司令部へ帰っていった。

この時より伊地知と長岡・井口の確執が強まるのである。

後日、井口はこのことについて「一時は急襲速攻を主説していたことは軽率だと非難されるが、自分が主張していたのは夜陰か濃霧に紛れて奇襲すべきと言うことで、第三軍が実行したような白昼の強襲では不可能であることは良く判っている」（長岡外史関係文書）と負け惜しみともとれる弁明をしている。

攻撃正面問題について司馬さんの悪のり

「海軍が献策していたのは『二〇三高地を攻めてもらいたい』ということであった。（中略）ところが乃木軍の伊地知幸介は一笑に付し、しかも「陸軍には陸軍の方針がある」として、この大要塞の玄関口から攻め込んでゆくというような、真正直な戦法をとった。」（『坂の上の雲』黄塵）

「大本営陸軍参謀本部次長の長岡外史は、この作戦の最初から『全力をあげて二〇三高地をうばえばよい。それで旅順攻撃の戦略的問題の大半は片づく』」（『坂の上の雲』旅順）

これでもか、これでもかとしつこく**司馬さんは最初から二〇三高地を攻めていれば楽勝だったと強調する**。

しかし実際は、最初から二〇三高地攻略説は、長岡も満洲軍司令部も、第三軍司令部も誰も考えていない。二〇三高地が話題にのぼるのは、第一回総攻撃が失敗に終わった後なのだ。すなわち第二回総攻撃の前の前哨戦で、西正面の南山坡山（ナマコ山）堡塁を占領してからである。

この山は二〇三高地より少し北にある。峰続きで少し低い。

頂上からは港が部分的に見えるので、すぐさま敵艦砲撃の観測所が設けられた。しかし前方（南方）の二〇三高地に阻まれて大きな死角ができる。

そこでさらに良い展望を求めるには、二〇三高地占領が必要になってくるのである。

このことは第五章で詳しく述べる。

従って誰も、**開戦前から二〇三高地の存在など意識にもなかった**のだ。「もし最初に二〇三高地を攻撃していたら」、の「たら・れば論」は、話を面白くする司馬さんの全くのフィクションであり、なかなか二〇三高地に手を付けようとしない乃木司令部への苛立ち、歯痒さの演出としてつくられた話である。

旅順要塞海陸正面砲台全図
（明治36年12月）

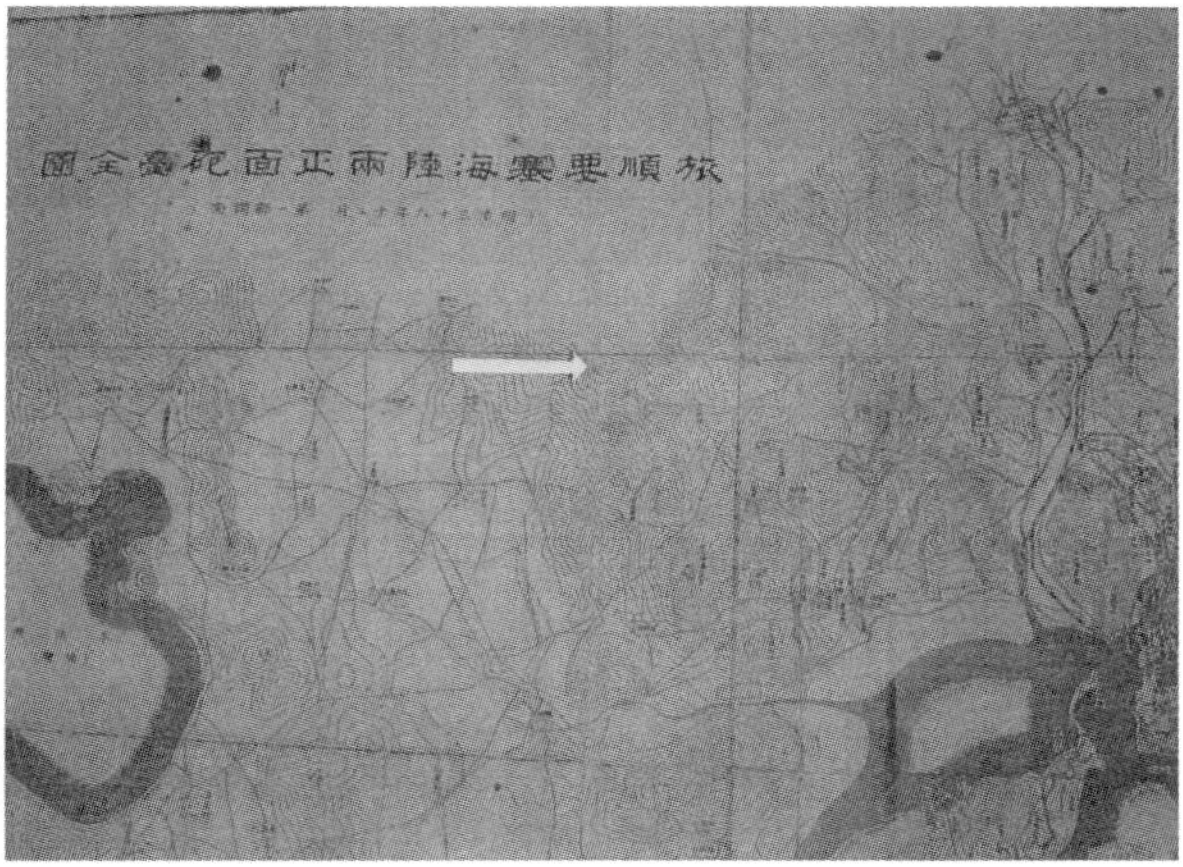

図3－5　開戦直前に作製された地図でも西方面の情報はほとんどない　矢印は203高地

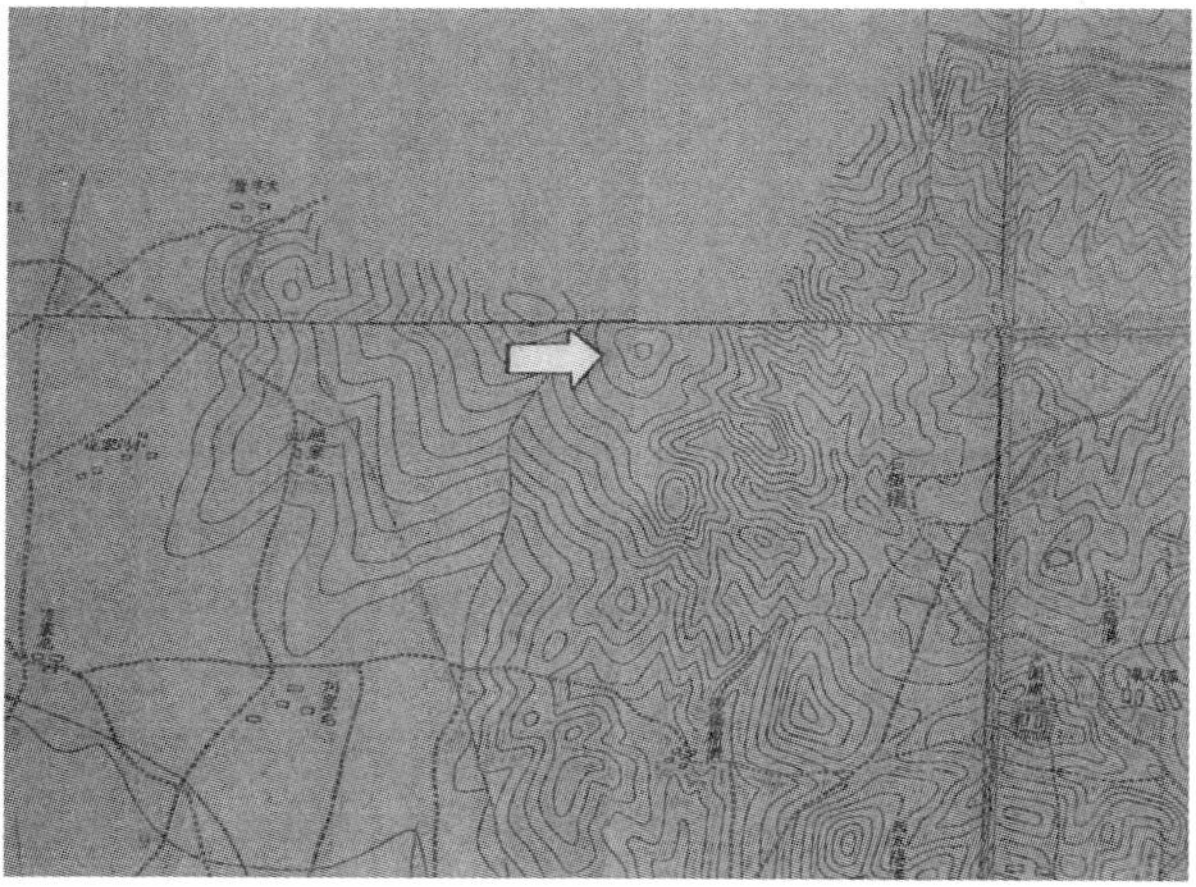

図3－6　同地図拡大　203高地そのものが記載されていない

私は防衛省防衛研究所資料室に行き、当時の作戦地図を調べてみた。大庭二郎参謀副長が持っていた作戦地図が遺族より寄贈されている。明治二十八年の日清戦争時のもので、西方面を見ると案子山の永久堡塁は記してあるが、なんと椅子山、南北太陽溝堡塁の記載がないお粗末さ。

さすがにこれではだめだろうということで、開戦直前の明治三十六年十二月に「旅順要塞海陸両正面砲台全図」が作られた。この最新版にしてもやっと椅子山、南北太陽溝堡塁は出てきたが、二〇三高地などの記載はない。

参謀本部で、このようなお粗末な地図だけを見て、安易に考えられた西方面主攻説が、現地に着いて初めて現実を目の当たりした乃木軍首脳部に却下されたことは理に叶っていた。もっとも東北正面主攻説そのものも、詳しい情報収集に基づき完璧に練られたものとも言い難い。なにしろ露側の防諜が完璧で、要塞の構造、**敵兵力配置状態など未知の部分が多すぎるので綿密な作戦計画の立て様がなかった**。

これが第一回総攻撃の流血の惨事に繋がるのである。

95頁の地図（図3－5、図3－6）：防衛省防衛研究所資料室蔵

第四章　第一回総攻撃（八月十九日〜二二日）

乃木、伊地知、二将軍を偏見なき歴史的認識で遇したい

第一回総攻撃にむけて、第三軍はゆっくりではあるが攻囲線を縮めつつあった。要塞北方の鳳凰山には、七月三〇日すでに攻城砲司令部がおかれた。大小孤山は大苦戦の末、八月九日に占領、旅順港内砲撃が部分的に可能となっていたことは前述した。

千大山は八月一三日、北大王と一六四高地は八月一五日に占領。この高地は高崎連隊が占領したので高崎山と名付けられたが、後で第一第七師団司令部が置かれることになる。じわじわと包囲網を縮めつつあることは快勝と言えずとも、順調に作戦が進んでいるといってよい。

この章からしばらくは、純粋に戦術論に深入りすることになる。雑誌『丸』のミリタリーファンならともかく、難解な専門用語も出てくるので（いや、あえて使っているので）、読みづらいと感じる読者もおられるかもしれない。

しかし事は重大である。貶められた乃木、伊地知、二将軍の歴史上の評価をそのままにして

おくのか、それとも二将軍を正しく評価し現在の奈落の底から、晴れて天空へ飛翔させることができるのか、まさにその岐路に立っている。

大袈裟な表現をすれば、もし、霊というものがあれば、救国の二将軍の霊に対し、遅きに期したかもしれないが、偏見なき歴史的認識で遇するべきではないのか。

そう考えると、私はますますファナテックになっていくのがわかる（墓参のパワーか）。

その点を読者の皆様にご理解頂きたい。

ということで、ここはひとつ、新資料と首っ引きになって、司馬さんの文節一つ一つに丁寧に反証して、これを粉砕していきたい――根性を据えて。

どうかしばらくの間、読みづらい文章をご容赦頂きたい。

布陣

ともあれ第三軍司令部は、攻撃正面を東北正面の二龍山と東鶏冠山砲台間と設定。

第十一師団は東鶏冠山他、第九師団は盤龍山、他に攻城砲の狙いを定めた。

西方面の前進陣地の水師営堡塁と大頂子山は、臨時築城とはいえ反撃砲火をくらうので、第一師団が受け持った。

軍司令部は、柳樹房より団山子に進出、東北方面堡塁群よりわずか三キロの位置である。

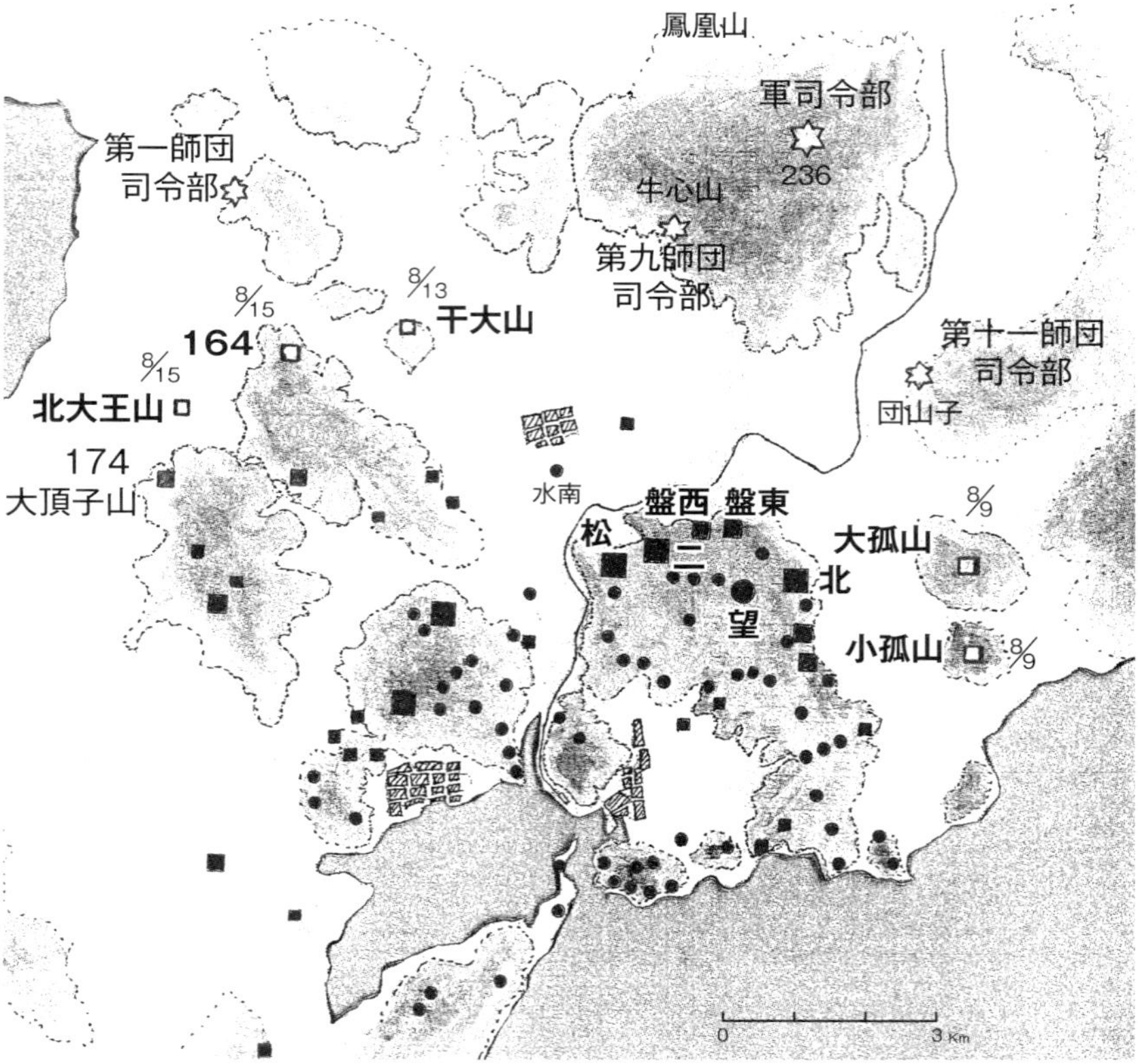

図4－1　第一回総攻撃前
各司令部の位置と占領前進陣地
外防衛線上の前進基地は占領した（□印）。

北　：東鶏冠山北堡塁
望　：望台砲台
盤東：盤竜山東堡塁
盤西：盤竜山西堡塁
二　：二竜山堡塁
松　：松樹山堡塁
水南：水師営南方

■ 永久堡塁
■ 半永久堡塁
■ 臨時堡塁
● 砲台

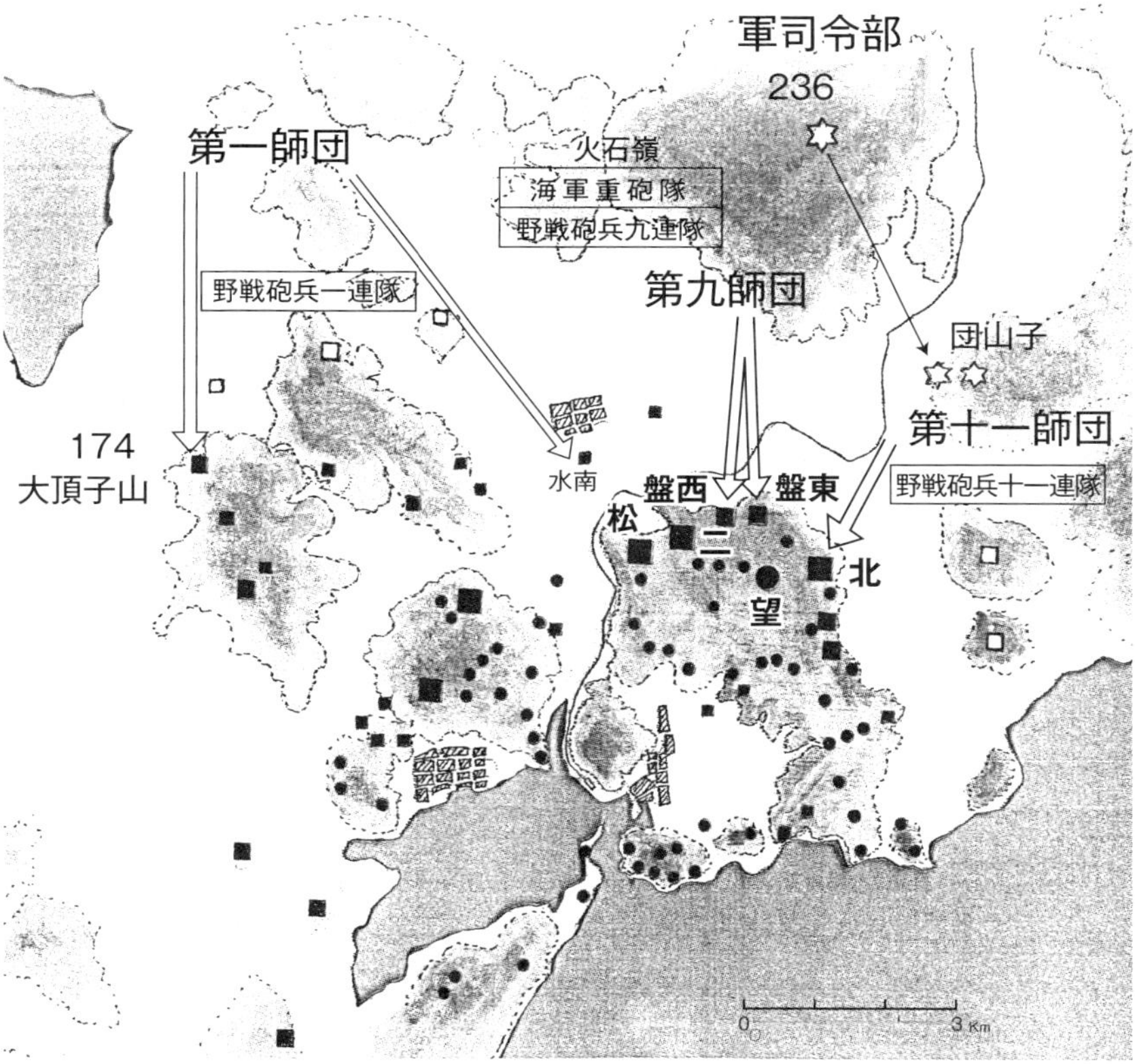

図4−2　第一回総攻撃

北　：東鶏冠山北堡塁
望　：望台砲台
盤東：盤竜山東堡塁
盤西：盤竜山西堡塁
二　：二竜山堡塁
松　：松樹山堡塁

軍司令部は236高地から東北正面までわずか３kmの団山子に移った。

第一師団に西方面を牽制させ第九師団と第十一師団で一挙に東北正面を抜く予定であった。

その後、軍司令部は状況に応じ、鳳凰山や一六四高地（高崎山）に移動しているので、司馬さんの言うように、**敵弾が届かない柳樹房に留まっていた訳ではない。**敵陣はわずか三キロ、乃木や伊地知の望遠鏡からは要塞外の動きは手に取るように見えたはずである。

戦闘開始

八月十九日午前六時、攻城砲が一斉に火蓋をきった。

この時の攻城砲を一覧する。

十五と十二サンチの二種類の榴弾砲[1]（以下十五榴、十二榴）十五サンチ臼砲[2]（十五臼）十二と一〇サンチ半の二種類の加農砲[3]（十二加、十半加）であった。

このうち、十五榴、十二榴、十半加以外は旧式の青銅砲であまり威力はなかった。

しかも、この中で最大威力の十五榴（弾丸重量三六キログラム）は、盤龍山東と東鶏冠山北の担当の砲兵第一連隊にわずか一六門配置されていただけだった。

（1） 榴弾砲…重い弾丸を放物線状に飛ばすので破壊力が大きい。
（2） 臼砲…臼砲というのは榴弾砲より砲身が短く、高い放物線を描いて短距離の目標をたたく。
（3） 加農砲…軽い弾丸を直射できる砲。射程は長いが破壊力は小さい。

二日間の準備砲撃は、砲弾三六八一二発、計六九五トン使用された。(大庭二郎日記)

ちなみに毎年、陸上自衛隊の富士総合火力演習が開かれる。

公開演習を見ていて実に爽快。各種榴弾砲の威力に圧倒される。

数時間で弾薬四十四トン(三億五千万円)を消費したという。(平成二十六年)

明治の火砲は今と違うとはいえ、二日間で六百九十五トンという弾丸消費量は決して少ないわけではない。

この、我が軍の期待を担った一斉砲撃がいかに凄まじかったか、井上参謀は次のように記している。

「各堡塁の胸墻(厚い盛り土)の外観は忽ちに変化し、塁内の火砲の如きは何れも立ちに沈黙せり。誠に壮烈の光景にして、恰も堡塁、砲台は尽く粉砕せらるるかと感じせしめたり」(井上幾太郎日記)

井上の小躍りする様が目に浮かぶようである。

我が軍は強力な火力で敵陣を粉砕し尽したはずであった。貧乏国陸軍にしては大奮発の砲弾使用量であった。

しかし、戦後わかった事であるが、**永久要塞のベトン(コンクリート)は十五榴の砲弾に耐**

えられるように設計されていたのである。

地下にもぐった陣地は強い

当時は、一定期間敵陣に砲撃を加え続ければ構築物は破壊されるというのが常識であった。今次大戦でも、硫黄島上陸作戦で、米軍は三日間に五七一二トンもの砲弾、爆弾を島へ叩き込んだ。旅順の第一回総攻撃の約十倍である。島の緑は全くなくなり、地形すら変わった。米軍は、日本兵は一人も生きていないだろうと安心して上陸したが、実は日本側の戦死者はその時、わずか九五名、陣地の約二五パーセントが破壊されただけだった。

地下にもぐった陣地は、いかに抗堪性《こうたんせい》が強いかを物語っている。

生きていた露軍要塞

確かに露天砲台や塹壕は土煙におおわれ、飛び散ってしまった。もちろん突撃路の邪魔となる鉄条網もちぎれさり、畑を耕したようになった事であろう。しかし厚い胸墻《(1)きょうしょう》に被われた、東鶏冠山、二龍山、松樹山などの強固なベトン壁はかすり傷ひ

（1）胸墻（きょうしょう）…要塞の構造物をさらに防禦するため盛り上げた土。

とつ受けていなかったのである。

この厚い甲羅の中で、露兵は日本軍の砲撃の嵐が止むまで息をひそめじっと耐えたのである。


準備砲撃を終えた我が軍は、強襲攻撃に移った。敵堡塁や砲台は沈黙したと信じて……。

強襲攻撃とは、味方の援護射撃を受けながら、遮蔽物もない地面を突撃することである。

敵の火力網が破壊されていることが前提である。

味方の塹壕から敵陣まで四～五〇〇米の斜面を、残っている鉄条網を切りつつ駆け上るのである。

このとき、厚い甲羅の中に潜んでいた露兵は日本側の砲撃が止むと、直ちに地下より壕へ舞い戻り、機関銃の掃射を浴びせ、手榴弾を投げつけた。斜面の上から下への射撃は狙い撃ち同然である。

多数の我が兵は瞬く間に殺戮され尽くした。

運よく堡塁まで到達し、外壕に下りた少数の我が兵はカポニエールからの射撃で全滅した。

このように**第一回総攻撃では、堡塁に近づく以前に殆んどが殲滅された**。

ただ、防御力の弱い半永久陣地の一七四高地（西正面の大頂子山）と東西盤龍山堡塁は我が砲兵にさんざん射すくめられ、かなりのダメージを被った。そこをすかさず、後備歩兵第一旅団は一斉攻撃をかけ、二十日朝、大頂子山を占領した。

東北正面攻撃を担った第九師団の第六旅団は、一戸兵衛少将が率い、やはり抵抗力が弱った東西盤龍山に二十一日襲いかかった。

しかし、単なる塹壕陣地ではない。第六旅団（第七・第三五連隊）の半数の第七連隊がたちまち壊滅状態になった。

衰えたといっても露側の機関銃砲火はまだまだ健在である。

一戸は残り半分の第三五連隊にも突撃を命じたが被害が大きく一時退却。

二十二日朝、第七連隊工兵第三中隊は、隠かに匍匐前進でトーチカに近づき、銃眼より爆薬を入れ機関銃坐を爆破、残存部隊でついに東堡塁を占領した。

麓から単眼鏡で観察していた乃木軍司令官はこの機を逃してはならじと、第九、第十一師団の残存兵力をすべて投入、二十二日夕には東西盤龍山完全制圧となるのである。

写真4－1　一戸兵衛少将（近フォト蔵）

突撃隊を繰り返し繰り返し出撃させても、ことごとく全滅させられた悲惨な第一回総攻撃の中で、たった二つであるが**東北正面の巨大要塞群の中に橋頭堡を確保した意義は大きい。**

前線指揮官と乃木軍司令部の一体となった連携運動の成果であろう。

勇将一戸兵衛伝説

第九師団第六旅団長一戸兵衛は、占領した盤龍山東堡塁より本丸たる望台へなおも攻撃をかけようとしていた。

彼の配下の部隊はすでに兵力も弾薬も底をついている。「もう一押しで望台はとれる」という確信もあったかも知れないが、「ここで引き下がれば戦死者に面目立たぬ」という気持ちが強かったのであろう。

乃木に強く具申したが、乃木は容認せず退却を命じた。

ここに一戸兵衛伝説が生まれるのである。

司馬さんは乃木軍司令部のこの弱腰を強く批判する。

第三軍の戦略・戦術に関する大切な事なので、長いが全文を引用する。（傍線は著者）

「その望台というこの大要塞の内ぶところまで達した部隊は、金沢の第六旅団を率いる少将一戸兵衛の兵であった。（中略）指揮官である一戸兵衛らは旅順陥落後、伊地知にかわって乃木の参謀長になる人物だが、（著者注：これは間違い。小泉正保少将が後任であって一戸は奉天会戦後就任）勇猛な上にすぐれた戦術感覚をもっていた。

かれは新鋭な兵力の応援さえあれば望台は奮われるとみた。すでにその兵力として第十一師団がそばにきている。夜があけ、一戸はなお占領地を保った。かれは午後二時を期し、第十一師団の突撃隊とともに望台の西北高地に突撃するつもりであった。これは可能であった。

ところが、乃木軍司令部は、退却を命じてきたのである。一戸は、『いまにして攻撃を中止すればこれだけの死傷を出したことがすべてむだになる。望台はとれる。第十一師団の応援がえられないとすれば、わが旅団単独をもって攻撃を続行したい』と悲痛な意見具申をしたが、ついに容れられず、占領した拠点をすてて退却した。

一戸兵衛は謙虚で無口な男だが、このときばかりは、『乃木軍司令官の気持ちがわからない。なぜ状況に一致しない命令を出すのだろうか』と声を放ったというが、ともかくも乃木軍司令部がやった最大の愚行は、この第一回総攻撃において強襲法をとったということよりも、前線がどうなっているかも知らず、そのあまりにも大きな損害におどろいていっせいに退却せしめたことであった。

一戸兵衛は、温厚な人物だけに、『その理由が、あとでわかった』と語っている。ただし、事実は明かさない。明かさなかったのは、乃木・伊地知の名誉にかかわるからであり、これについてはできれば永久に沈黙しておかねば国民の反発がどれだけ大きいかわからぬと思ったからであろう。

第一線の実情がわからなかった最大の理由は、軍司令部がぜったいに砲弾のとどかない後方にあったからであった。本来なら軍司令部の位置をすすめて各師団の動きがみられるところへ置き、地下に壕を掘り、上を掩堆(1)（著者注：掩蓋の誤り）でかためればよい。それをせず、軍司令官以下が前線を知らなかったことがこの稀代の強襲計画を、それなりに完結させることさえせずにおわらせてしまった。

この時期の満洲軍総司令部の参謀達の一致した意見では

『第一回で奪れていたのだ』ということであり、それだけに乃木軍司令部への風あたりがつよかったのである。」（『坂の上の雲』あとがき四）

このくだりだけでも、乃木軍司令部はいかに現実を見ず、怯懦《きょうだ》の結晶だったか、初めての読者には強く印象づけられるであろう。司馬さんはどんな資料にもとづいて書いたのか。

次に示す、現地第三軍参謀達の日記を見ると、その真実が見えてくる。

（1）掩蓋（えんがい）…塹壕の天井のこと

井上幾太郎日記（『長南編書』111頁～）

「八月二二日、本日は攻撃正面に於ける実施の日なり。軍司令部は未明に前夜の宿営地周家屯（柳樹房の隣）を発し、団山子東方の小丘に移る。此位置は攻撃正面の二師団に近く、直接指揮に便なるを以てなり。而して、前日より掩蓋にて展望孔など設けありたり。（中略）

八月二十三日、前夜望台高地に向ふて行ひたる両師団の最後の突撃は尽く失敗に終り、我が勇士の屍体は累累として此高地一体の斜面を覆ふを見る。此時に於ける、攻城砲の弾丸は殆んど尽き、兵員は全く戦闘力を失ひ、戦闘を継続すること能はさる以て、総攻撃中止に決し、之に関する命令を下せり。」

大庭二郎日記（『長南編書』27頁～）

「八月二四日（中略）此部隊（十一師団）は目的点に向かい前進せんとせしも、此時其右に連り盤龍山より前進すべき兵なし。之を確かめ初めて第十旅団の全滅せしを知り、之を第十一師団に報告し、第十一師団は午後に至り始めて最早攻撃前進する能はさると報告し来たりしに依り、軍は已むを得ず攻撃を中止するに至れり。」

要は、一戸の、二つの連隊はほぼ全滅。

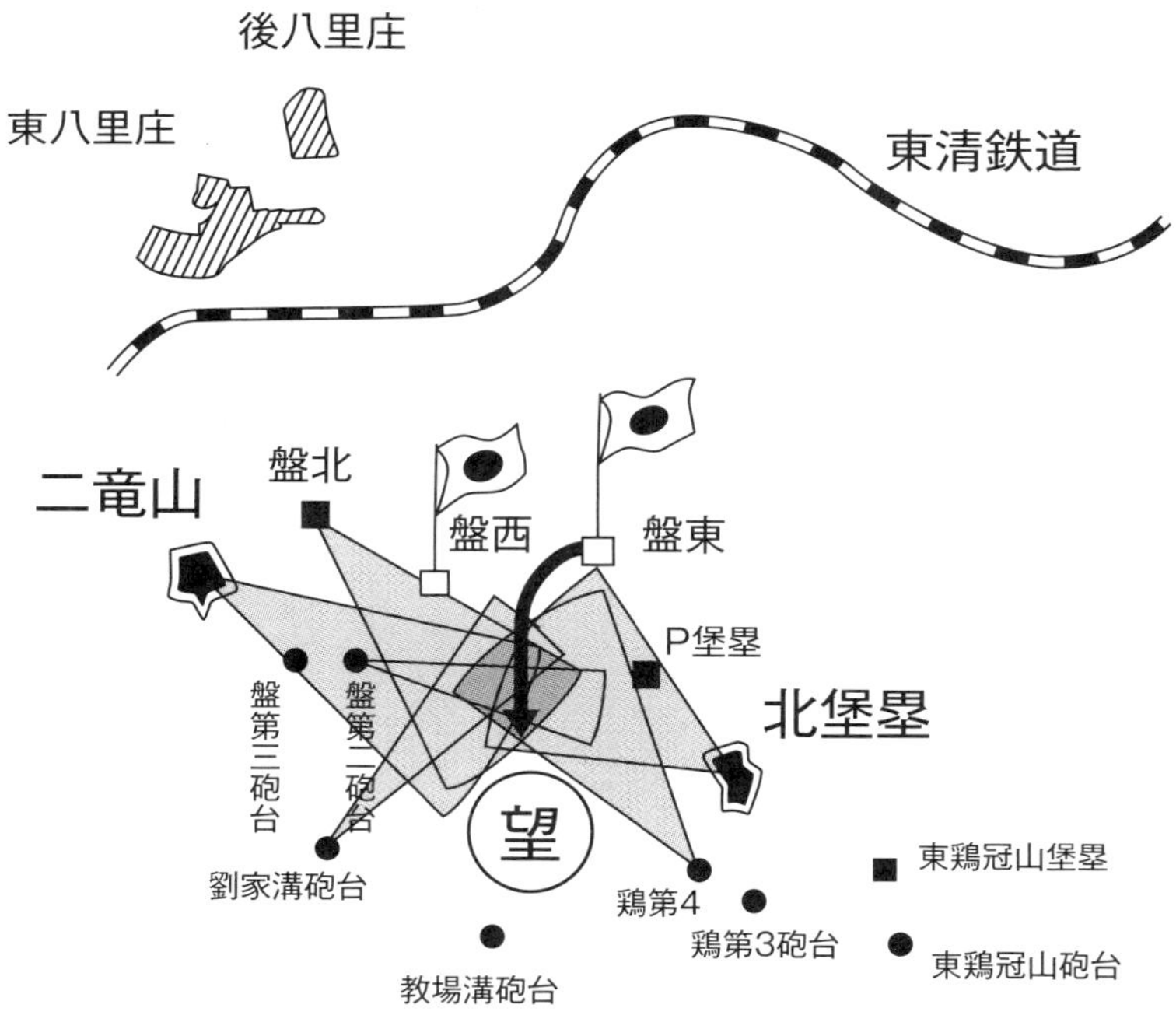

図4－3　露軍陣地の縦深性

もし一戸旅団が望台に突っ込んでいれば多くの敵陣から隙間のない銃砲撃を受け、またたく間に全滅するだろう。扇形は敵陣からの有効射撃範囲を表わす。

司馬さんのいう頼みの第十一師団の第十旅団も全滅の状態、弾薬も底をついている。

このような状態でもし一戸が突っ込んでいれば確実に玉砕。のみならず、さらに多大な血を流してせっかく確保した東西盤龍山も露軍の逆襲により、再奪取されるであろう。総司令部が攻撃正面よりわずか三キロの団山子に進み、情報がリアルタイムで取れたからこそ、乃木軍司令部は撤退を決断できたのである。とことん冷静な乃木と伊地知の判断と言えよう。

いかがであろうか。
司馬さんの描述と正反対の資料が、続々と発見されている。

「今乃木」と呼ばれるようになった一戸兵衛

後で述べるが、司馬さんの資料は、アンチ乃木・伊地知で凝り固まった陸大の秘密資料『機密日露戦史』が中心で、恐らく司馬さんは第三軍側の資料を読んでいないか、意図的に無視したか、いずれかであろう。

さらに、乃木・伊地知に対する司馬さんの悪意は留まることをしらない。一戸の口をして「(撤退の)理由があとでわかった」と言わしめている。

「乃木軍司令部が大きな損害に驚いて逃げる命令を出した」

と一戸はわかったというのである。

しかし公にすれば、国民の反発が大きいので、乃木・伊地知の名誉のために、一戸は武士の情けで黙っていてやったというのである。

司馬さんの勝手な斟酌には、当の一戸も、天国で戸惑っているに違いない。

奉天戦後、第三軍参謀長になった一戸は、旅順戦の最中には司令部に疑問を持つこともあったが、後に第三軍の作戦日誌を読み直してみると、当時の司令部の作戦指導は理にかなったものと得心したという。

ちなみに一戸は、乃木を深く尊敬するようになり、乃木の没後も、そのストイック(禁欲的に身を厳しくするさま)な性格から「今乃木」と呼ばれるようになったという。

第一回総攻撃は惨敗に終わった。

第三軍総兵力　五〇、七六五　死傷者一五、六八〇

露軍総兵力　三三、七〇〇　死傷者　一、五〇〇

簡潔に言えば、旅順に対して強襲法は通じないという手厳しい教訓を与えられたが、これを総攻撃前に悟れというのは後知恵というものだろう。

まして、文献を公平に読めば司馬さんの表現は、乃木軍司令部を不当に貶める底意地の悪さがすでに窺がえるのである。

惨敗に終わった第一次攻撃も、乃木軍は当時、世界のスタンダードの対要塞戦を上級司令部（満洲軍総司令部）の認可のもと行ったのである。

決して暴虎馮河《ぼうこひょうが》（虎を素手で打ち、黄河を徒歩で渡る無謀さ）の作戦指導ではない。

第五章　第一回失敗の反省と第二回総攻撃及びその前哨戦

天才　井上幾太郎工兵少佐登場

大本営は、開戦と同時にドイツ留学中であった井上を攻城専門家として四月帰朝させた。第一回総攻撃失敗直後の日記に次のようにある。

井上幾太郎日記（『長南編書』115頁〜）

「八月二五日、幕僚の大部は連日の疲労と戦況の不測に悲観して、床を離るの勇気も失せん計なりし。余は昨日総攻撃中止に決せるよりして正攻法に依るへしとの決心を抱き（中略）正攻作業の目標たるへき堡塁を偵察することとし、（中略）先つ水師営に至り其南方の堡塁を偵察せり。」

なんと彼は、第一回総攻撃失敗の翌日から正攻法の準備に着手したのである。

正攻法とは、敵弾より身を守るため敵陣ぎりぎりまで塹壕を掘り、味方の十分な準備砲撃の後に、一気に敵陣へ雪崩込むことである。

第一回では、長い突撃距離を駆け上がっている最中敵機銃になぎ倒されたので、誰もが今回は時間がかかっても、塹壕を敵陣ぎりぎりまで掘り進めるしかないと合意に達した。

しかし日本軍自体に経験がない。

敵弾が雨とあられと降る中で、はたして塹壕づくりは可能か。軍議に時間をかけても結論でず。最後は「乃木軍司令官の決断が小田原評定を打ち切った」と日記にある。

しかし井上とて自信があるわけではない。

「九月五日、軍は突撃の要領を教育する為に突撃教令を草することとなり、余は之を命せられたり。然るに余は在独中、一、二回之に関する書籍は読みたることあるも、未に十分会得するに至らす、又脳中に記憶するもの少し。（中略）天幕の内に入り横臥瞑想すること約一日間にして略ほ案を得て筆を執れり。」

ずいぶん正直な人である。しかし、わずか二日後に突撃教令（マニュアル）を全軍に配布したのである。これが天才と言わずして何と言おうか。

突撃教令（堡塁突撃マニュアル）完成

井上日記附録第三の内容を要約する。（『長南編書』202頁〜）

一、　塹壕を敵堡塁まで四〇〜百米まで進め、突撃陣地をつくる。

二、突撃陣地は敵塁に平行
三、突撃陣地の両端に機関砲（銃）を配置
四、突撃陣地に四七ミリ速射砲（計十二門）を据え敵機関銃銃座を破壊する。
五、突撃陣地より少なく共、二本の攻路を前方へ掘り進め、外壕に致達したら爆破する。
六、砲兵は塹壕の中を歩兵が安心して前進できるように援護射撃をするが、突撃数時間前より側防機関（カポニエール）掩蔽部、機関砲を精密砲撃で破壊する。
七、破墻孔（攻路の終末端の突撃口）は砲撃により作るのが良いが、砲火の力が弱い時は、工兵が外岸にとり付いて爆破する。
八、爆破したら外壕へ下る通路ができる（瓦礫で外壕底への斜面ができる）。
九、残存した側防機関からの射撃防止の為、鉄板・土嚢を用いる。
十、壕を通過する時、携帯橋や梯子を利用する。
十一、堡塁内の掩蔽部が強固である時、内岸よりさらに抗路を掘り地下より爆発させる。

このマニュアルは、第一回総攻撃が失敗してからの基本戦術となり、以後の攻城戦で徐々に徐々に露軍へのボディブローとなって効いてくるのである。

ただし、六のカポニエールへの精密砲撃は計画通りにいかなかった。カポニエールの位置などわかるわけがないし、砲弾は放物線状に飛ぶので、外岸内側に隠されているカポニエールを直撃などとてもできるものではない。

又、一般に、壕をめぐらしている複数のトーチカ（コンクリート壁に銃眼を開けた半地下式陣地）を攻めるのは容易でない。

近づけば、十字砲火を浴びるからである。

井上の基本戦術は正攻法

上海事変の時、蒋介石軍のトーチカ潰しには、小口径の歩兵砲をできるだけ近づけて撃つしかなかった。

第二次大戦となり、トーチカ潰しの歩兵携帯兵器が飛躍的に発達した。

バズーカ砲、火炎放射器などであり、戦車が登場すると、味方歩兵が無線で呼び出すようになった。テレビ映画「コンバット」でお馴染のシーンである。

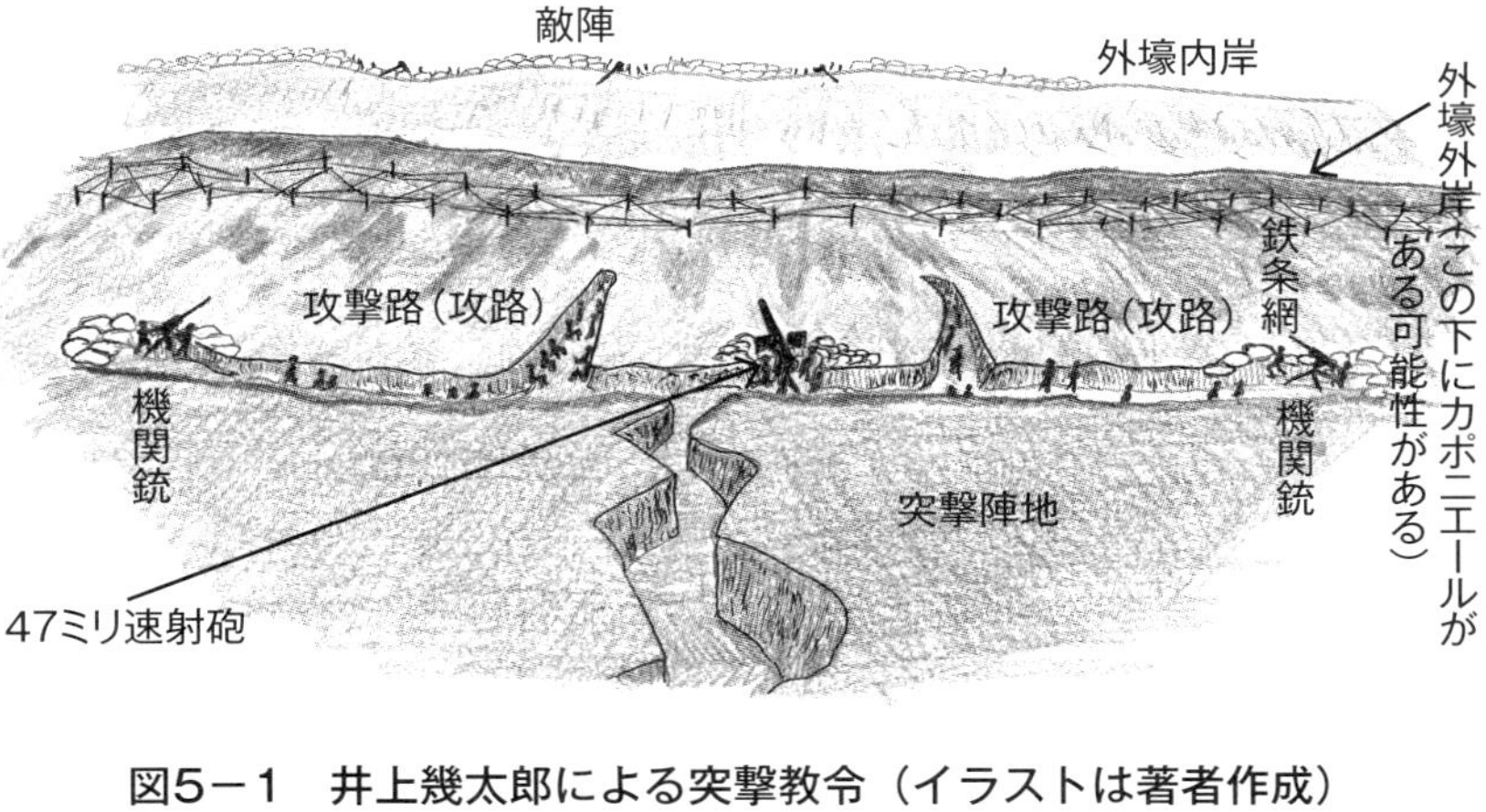

図5－1　井上幾太郎による突撃教令（イラストは著者作成）

井上のマニュアルで、海軍より供与された軽量の四七ミリ速射砲（山内式自動装置速射砲）をトーチカ潰しに近距離からぶっ放したのは注目に値する。後世の火点制圧の手本になるものであった。

とにかく、正攻法の要点は、我が突撃隊を敵の砲火にさらさず、安全に敵陣へ一歩でも近づき、工兵が地雷や鉄条網を取り除いたうえで、一挙になだれ込むことに尽きる。

問合いを可能な限り詰めることなのだ。

余談であるが、私は以前は機関銃（砲）という新兵器は日本軍は持っておらず、撃ち合いになると単発式の小銃は勝てっこないと思っていた。

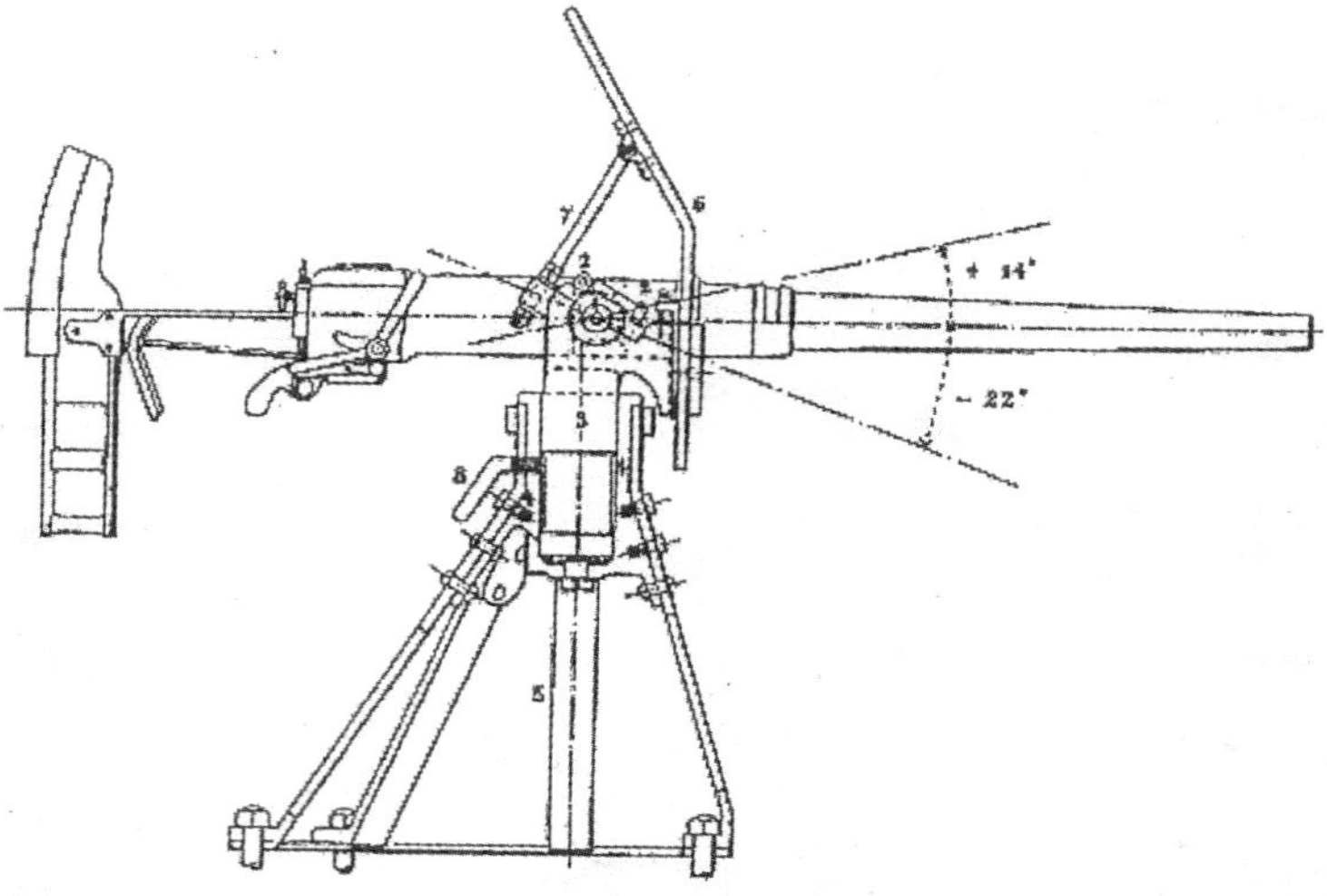

図5−2　海軍から借りた47ミリ速射砲

写真5－1　東鶏冠山北堡塁への塹壕掘り
（近フォト蔵）

写真5－2　完成した塹壕　右の板は鉄製防盾
（近フォト蔵）

ところが実際は旅順戦では日本軍の方が多くの機関銃を持っていたと知って驚いた。

ではなぜ使わなかったのか。

防御兵器である重たい機関銃を持って敵弾を避けながら、自在に斜面を駆け上がることはできないからである。現代はアサルトライフル(自動小銃)や軽機関銃を連射しながら突撃できる。ただし攻略戦後半で敵陣の一角を占領した時には、逆襲に備え、地点防御兵器として有効であった。

救世主 二八サンチ榴弾砲(二八榴)物語

第二回総攻撃で、もう一つ大きな新兵器が登場した。二八榴である。これについて解説しなければならない。

我が軍の最大の一五榴にも露軍のベトンは耐えられるよう設計されていたので、砲兵隊は要塞に損傷を与えることができなかった。


二八榴は、もともと我が国の沿岸防備のため、明治二十年から大阪砲兵工廠で一一〇門製造された。ルーツはドイツのクルップ社で、イタリアに伝わったものである。

当時の陸軍卿・大山巖がほれ込み、有坂成章砲兵大尉に命じ、イタリアから導入させたものである。

有坂は、第三軍編成前に陸軍省技術審査部長に昇任していたが、二八榴を攻城戦に強く推薦していた。しかしその重量と巨大さゆえ、運搬と据え付けをどう解決するかの問題があり誰も耳を傾ける者はいなかった。

次ページの図5－3をご覧になって頂きたい。一目で大砲のお化けとわかって頂けるだろう。巨大さに比例して破壊力も桁はずれだ。

しかし第一回が大惨敗に終わったのを見て、有坂はこの惨状を救うには二八榴の参加しかなしと確信し、大本営を説得、やっと戦場に送られることになったのである。

大本営と現地でのこの新兵器についてのやり取りが『坂の上の雲』には次のように書かれている。

「長岡が、乃木軍の伊地知あてに打った電文の原文は、つぎのとおりである。

『攻城用トシテ、二八サンチ榴弾砲四門ヲ送ル準備ニ着手セリ。(中略) 意見アレバ聞キタシ』

(中略) ところがこれに対する乃木軍司令部の返電は、歴史に大きく記録さるべきであろう。

『送ルニ及バズ』

というものであった。古今東西の歴史上、これほどおろかな、すくいがたいばかりに頑迷な

（諸元は表５－１を参照）

克式12サンチ榴弾砲

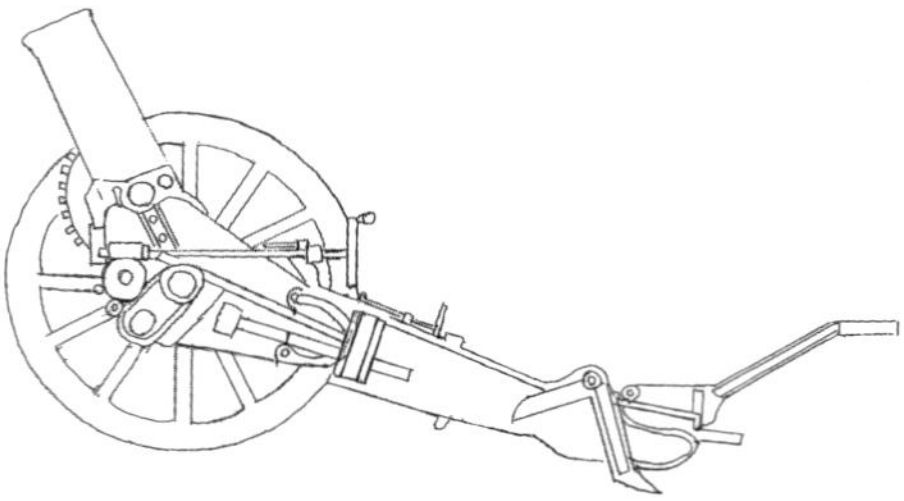

克式15サンチ榴弾砲

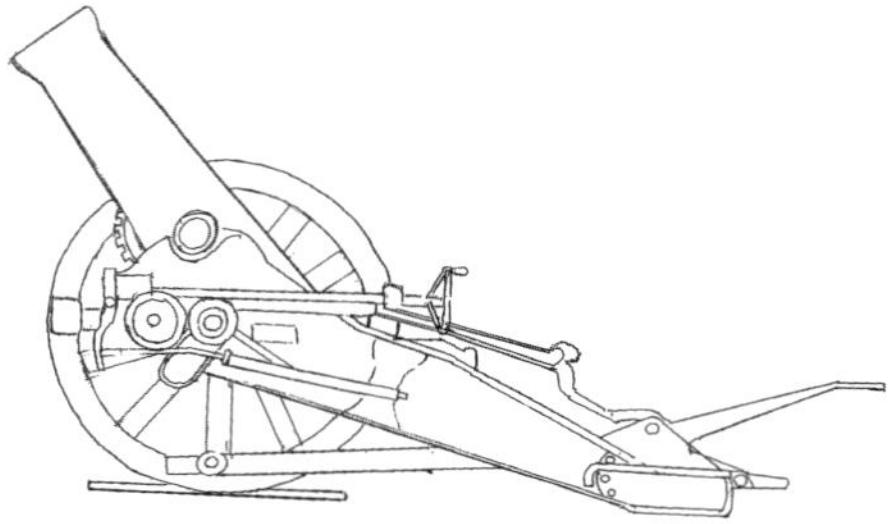

28サンチ榴弾砲

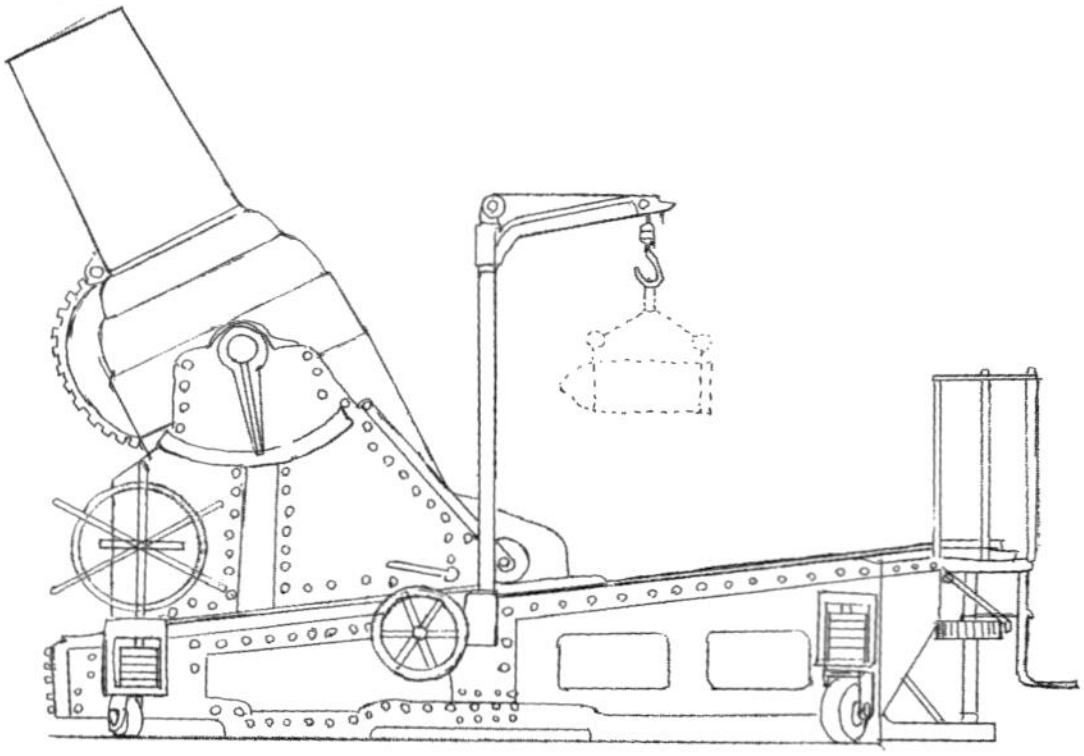

図5－3　最大仰角をかけた各種攻城砲の比較

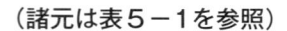

作戦頭脳が存在しえたであろうか。」（『坂の上の雲』旅順）

伊地知参謀長が「送ルニ及バズ」と返電したことが、彼の性格の悪さ・器量・能力のなさの象徴として描写されている。

もちろん伊地知を「頑迷固陋・老朽変則」と侮蔑《ぶべつ》しまくる表現はこれだけではなく『坂の上の雲』後半を通じて枚挙にいとまがない。

司馬さんは徹頭徹尾、閑話休題的に乃木・伊地知のネガティブなイメージを読者に刷り込むのが目的なのであろうか。

事実は、**伊地知は「送ルニ及バズ」などと言っていない。**

「二八サンチ砲はその到着を待つ能わざるも、

表5－1　各種攻城砲諸元

攻城砲	口径	砲身重量	最大仰角	砲弾重量	最大射程
12榴	12 cm	0.45 t	65 度	20 kg	5.68 km
15榴	15 cm	1.08 t	65 度	36 kg	5.89 km
28榴	28 cm	10.76 t	68 度	217 kg	7.8 km

28榴の威力は桁外れに大きいことがわかる。

今後のために送られたし」と返電が残っているのである。

戦後になって著述された『機密日露戦史』の中で、長岡参謀次長の回想として「その返電がいかなる訳か、書き物の中に残って居らぬが、私の日記の中には左の意味（送ルニ及バズ）が筆記してある」とある。

長岡のあやふやな記憶により「二八サンチ砲はその到着を待つ能わざるも」（攻撃には間に合わないけれどもの意）が「送っても仕方がない」と曲解され、返電の最後の段、「今後のために送られたし」が消えてしまったのである。

長岡の記憶が本当に曖昧だったのか、それとも意図的に曲解したのか。

それにしても活字とは恐ろしい。

真実でないものが、活字の魔力により真実になるのである。

司馬さんの一次資料となった『機密日露戦史』とはどのような文書であろうか。このことは後で徹底的に分析することにする。

第二回攻撃前哨戦（九月十九日〜二二日）

第三軍司令部は、（1）強固な本防衛線は時間をかけて（二一ヵ月）、ぎりぎりの所まで攻路を掘り進める。(2) 比較的弱体な外郭陣地群は攻路を一ヵ月で可能な限り掘り進め、敵陣に届かない部分は、強襲で攻略するというものであった。

弱い外郭から、強い内陣への順である。

四つの外郭陣地のうち、竜眼北方、水師営南方、南山坡山の三つは、比較的容易に奮れたが二〇三高地のみ攻略に失敗した。

実は最初から強固だった二〇三高地

司馬さんは、この時の二〇三高地攻略失敗を次のように書いている。

「乃木軍司令部は相変わらず、『二〇三高地を攻撃の主目標にしてほしい』という海軍の原案を拒否しつづけていたが、しかし東京の大本営の希望があまりにやかましいため、九月一九日、第一師団(東京)をうごかし、わずかの兵力をもってこれを申しわけ程度につつき、その固さを知って退却した。乃木軍に軍略能力があるなら、もう一押しすべきであった。なぜならこの時期の二〇三高地には、山腹に散兵壕が存在する程度の、その程度の薄弱な防備だったのである。このためステッセルは、この病患部に気づいた。

『二〇三高地こそ、わが大要塞の弱点ではないか』として大いそぎで要塞化にとりかかったのである。乃木軍は中途半端な刺戟をロシアにあたえてロシア人に知恵をつけたようなものであった。乃木軍司令部がやった無数の失敗の中で最大のものであったであろう。」

（『坂の上の雲』旅順総攻撃）

あいかわらず大げさな表現であるが、真実はどうなのか。

確かに参謀本部次長長岡外史は、この攻撃を、「二〇三高地には九月中旬迄には山腹に僅かの散兵壕があるのみにて、敵は茲に何等の設備も設けなかった」「故に九月二十二日の第一師団の攻撃に於て今一と息奮発すれば完全に占領し得る筈であった」（長岡外史関係文書　回顧録篇）ときびしく批判している。

司馬さんそっくりの表現ではないか。

いや逆だ、司馬さんが長岡の表現を引用したのであろう。

司馬さんの引用資料は、長岡・井口ライン及び彼らと密接な関係がある『機密日露戦史』であることをしっかり記銘しよう。

「乃木軍は中途半端な刺激をロシアに与えて逆に二〇三高地を強化せしめた」ことが本当なら大変なことだ。

医者が些細な傷に抗生物質を乱用し、細菌に耐性を付けさせるようなものである。

乃木軍は中途半端な攻撃をしたのではない。**二〇三高地は、九月中旬には準永久要塞級に強**

化されていたのである。長岡が知らなかっただけだ。

二〇三高地は望台より高い山だ。東北正面より強化工事は遅れていたものの、この重要拠点を放っておくほど露軍はバカではない。

第三軍参謀副長　大庭二郎日記（『長南編書』39頁～）

「九月二二日、（前略）敵の防禦工事は極めて堅牢にして、鉄板、大木材を使用しありて、一二榴弾砲弾は之を破壊する能はさりしに依り、突撃隊は多大の損害を被むるも、終に占領する能はさりしなり。」

現実の二〇三高地は現地の第三軍でさえ予想も出来ないほどの強固なものであった。東京の長岡が、机上の空論をこねたところで何とかなるものではなかった。

前哨戦で二〇三高地を取れなかった二つの原因

この前哨戦で二〇三高地を取れなかった原因をまとめてみると二つになる。

（1）外郭陣地と軽く考えており、攻路が十分敵陣まで近づいておらず、塹壕線から二〇三高地山頂までなお四百米もあったこと。

（2）二〇三高地より南西五千米にある老馬家南山という八七米の小山から、我が軍の突撃

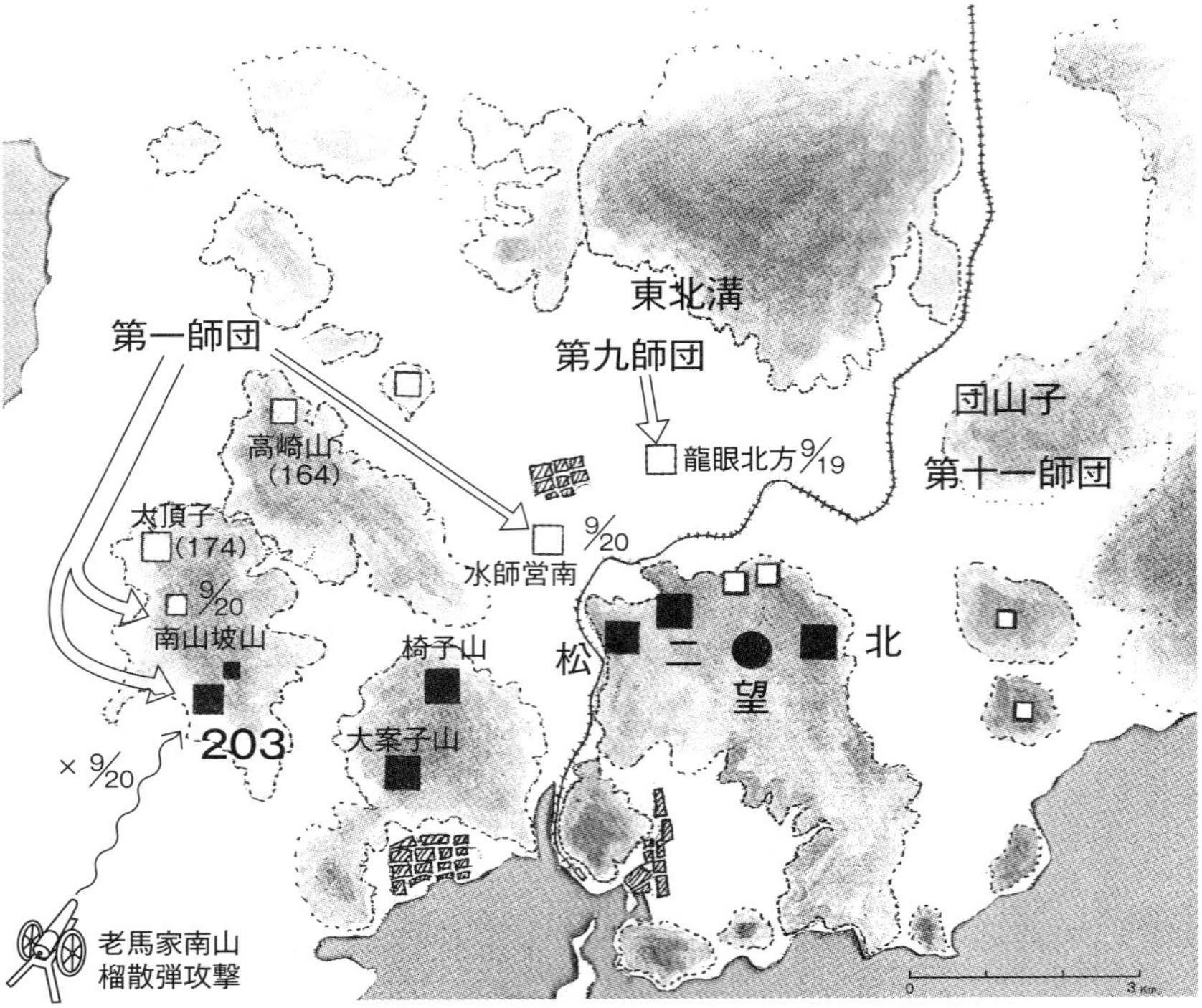

図5－4　第二回総攻撃前の前哨戦
9月19日～22日

前進陣地はかなり占領できたが、203高地攻略は老馬家南山からの敵榴散弾攻撃で失敗した。

□　占領陣地

■　敵健全陣地

隊の集結点は丸見えで、ここから露軍の榴散弾の狙い撃ちを受けて大打撃を被った事である。

榴散弾とは猟で使う散弾銃の親玉と考えてよい。空中で破裂するので対人殺傷効果がすざまじい。

「敵は野砲を小房村に携へ来り、我が壕に拠る歩兵を側背より射撃す。其命中極めて良好なり。是に於て、歩兵は終に甚ゆる能はす陣地を棄て退却せり。」（大庭二郎日記）

予想もしない伏兵に頭上から散弾の嵐を浴びせられたのである。

旅順港砲撃の観測点としての二〇三高地の価値はこの時わかった。

前哨戦では二〇三高地は失敗したものの、南山坡山堡塁を奮ったことは一定の意義を持つものであった。

この山からは旅順港の敵艦が部分的に認められた。

観測所を設けて砲撃すれば良いが、この山より南東にある少し高い二〇三高地は、もっと見晴らしが良さそうだという意見は、この時初めて出たのである。

開戦当初から、海上から見てわかっていたとか、秋山真之が目を付けていたとか、大本営が価値を認めていたということは、全くのフィクションである。

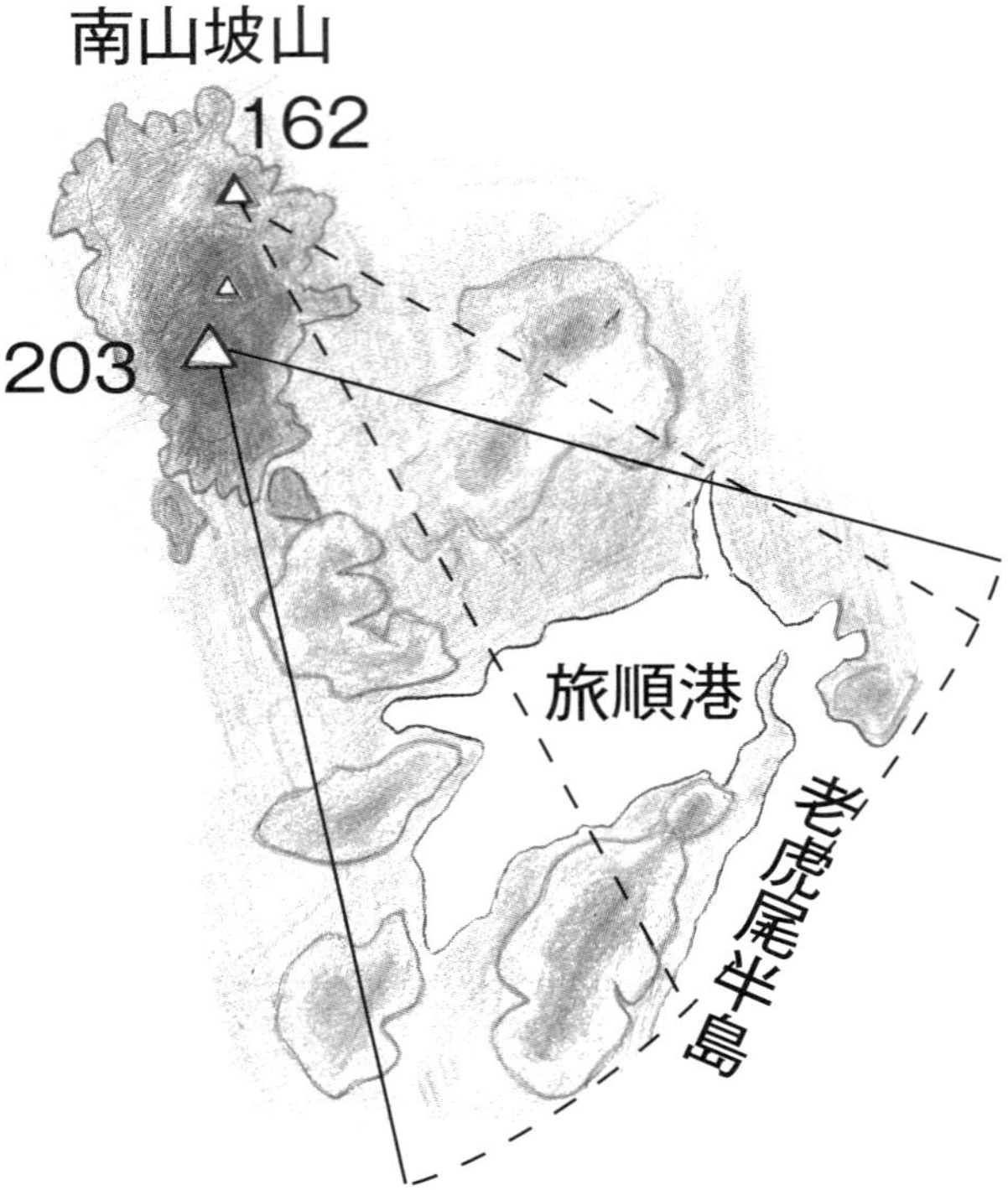

図5−5　203高地と南山坡山からの射撃範囲の比較

南山坡山からの視界は南方の２０３高地により制限を受ける。

第一、海上から連なる山並みを眺めて、それぞれの峰に登ったと仮定して、逆にどの頂上からが一番港の見晴らしが良いなど、類推することは不可能ではないか。

第二回総攻撃（十月二六日～三一日）

外郭陣地を占領後も、工兵隊は東北正面の敵堡塁に可能な限り肉迫すべく努力を続けていた。今度こそ塹壕先端は敵陣に極めて近くなっている。

一方、待ちに待った内地からの二八榴弾砲は、九月一四日、大連湾に到着。わずか九日で設置完了。これは砲兵隊が特殊砲床を考案し、寝食を忘れ、汗を流した賜物であった。

王家甸子、団山子、鄒家屯に二門ずつ据え付けられた二八榴は、十月一日に待ちに待った初弾を発射、敵堡塁はたちまち大爆炎に包まれた。弾着の状況を見て、全将兵の歓声がいたるところで起こった。

二八榴は十月二五日までに、最終的に一八門に増強された。翌二六日、総攻撃開始の朝、二八榴とその他の攻城砲が一斉に砲門を開いた。

準備砲撃は二九日までの四日間断続的に続けられた。

二八榴だけで約二千発撃ち込まれた。

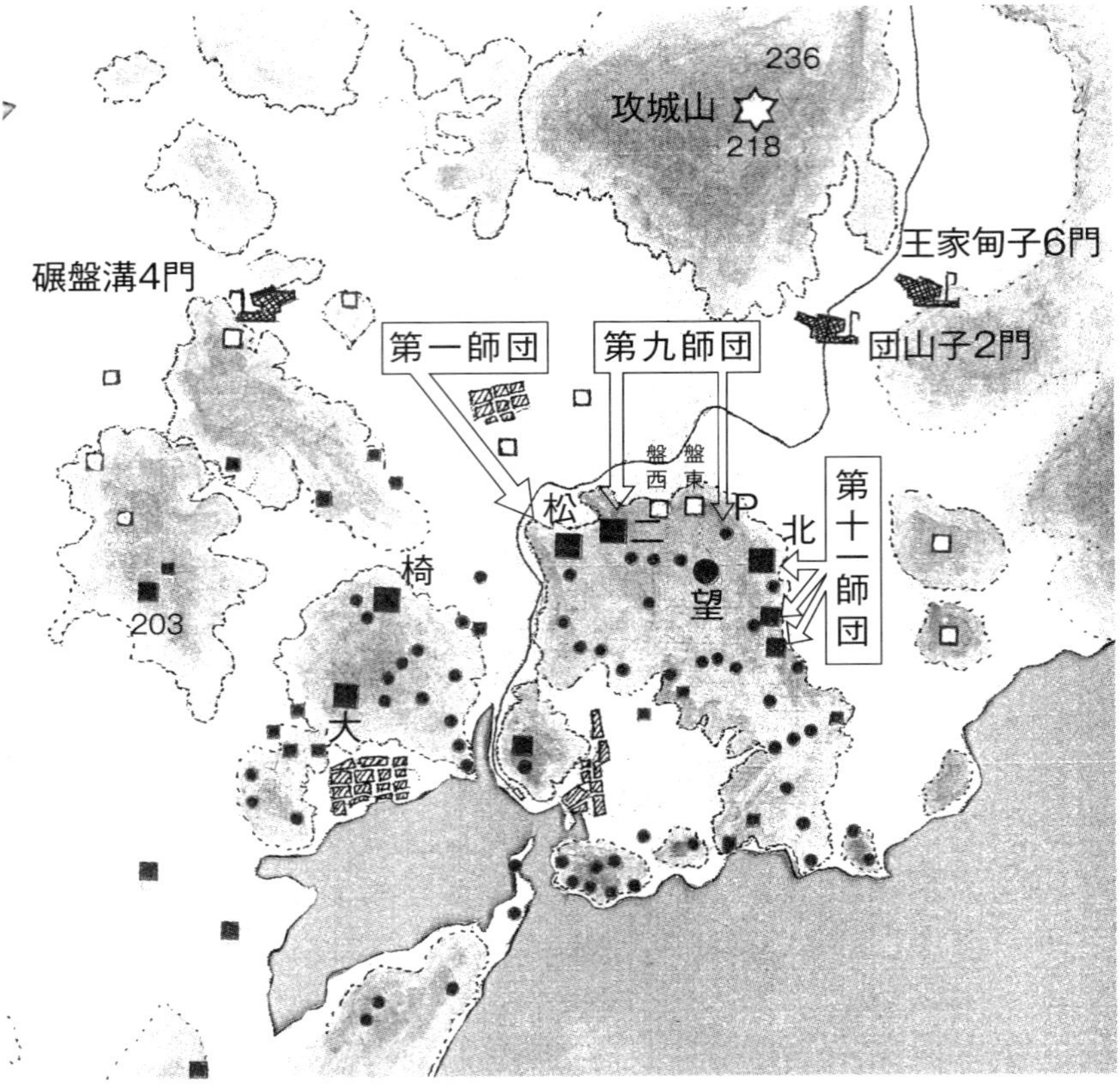

図5−6　第二回総攻撃直前の布陣

椅：椅子山　　大：大案子山　　：28榴弾砲

□　占領陣地
■　敵健全陣地
●　砲台

写真5－3　28榴の設置（近フォト蔵）

写真5－4　28榴の設置（近フォト蔵）

着弾より一瞬遅れて、土砂が入道雲の様に高々と盛り上がる。轟音も遅れて耳をつんざく。爆炎が晴れると、変形した稜線が薄ぼんやりと認められる。「今度こそ大丈夫だ」と全将兵は確信したに違いない。

三十日、全軍の将兵は突撃陣地を飛び出し、目と鼻の先の敵陣になだれ込んだ。

しかし結論から言えば、乾坤一擲でのぞんだ今回も失敗に終わった。

外壕へ侵入した途端、どこからともなく機関銃弾が雨あられと降ってきてバタバタと倒されるのである。

外壕の底は身を隠すものは何一つなく、又、逃げようにも逃げられない。まさに蟻地獄である。

麓から観察していると、数波にわたって突

写真5－5　28榴の設置（近フォト蔵）

入した突撃隊が、忽然と消失する不思議はカポニエールに虐殺されていたからである。まさに地獄絵図。映画二〇三高地は身の毛もよだつシーンを描写している。

「大庭二郎日記」「井上幾太郎日記」に失敗の反省が記してある。要約すると、外壕の通過失敗がすべてなのである。

外壕の情報不足が致命的であった。すなわち、塹壕をとことん掘り進み間合いをぎりぎりまでつめて、せっかく我が突撃隊が外壕に突入しても、側防機関（カポニエール）からの機銃掃射で殺戮し尽され、又携帯橋を使用しても長さ不足で渡壕できず全滅したということなのである。

外壕の存在そのものを砲撃で埋め尽くすことが不可能である以上、坑道を掘り外壕中の側防機関を破壊して逐次占領するほかにないと結論づけている。

結局、乃木司令部は三一日午前八時攻撃続行を断念した。

追いつめられる乃木軍司令部

第二回総攻撃の前の十月十五日、バルチック艦隊はバルト海のリバウ軍港を出撃し日本へ向かっていた。

海軍はあせり、早期攻撃を第三軍に強く求めてきた。

これに応えて十月二六日第二回総攻撃が始まった訳ではあるまいが、井上幾太郎参謀は第二回総攻撃失敗直後次のように述べている。

「先つ側防機関を破壊し、逐次占領を勉むるより外、他に良法なし。（中略）目下、我作業を妨害する敵砲を制圧しつつあり。要するに、二竜山、松樹山両堡塁は、目下抗路を掘り、側防機関の破壊を努めつつあるを以て、遠からず成功の見込十分なり」（『長南編書』142頁〜）

現場を一番熟知している工兵科参謀の言葉には、もう少し時間が与えられれば、外壕処理ができたのにとの言外の悔しさを匂わしてはいないだろうか。

東京では、犠牲者ばかりを出して一向に戦果をあげぬ乃木軍司令官に対し、何も知らない銃後の民衆は、大将の自宅まで押しかけ、投石し罵声を浴びせた。

大本営は大本営で、乃木更迭論が沸き起こってきた。

『坂の上の雲』の中で、司馬さんも、この明治の銃後の民に敗けじと、罵声を張り上げるとは誠に滑稽ではないか。

「十月二六日にも総攻撃をくりかえしたが、いずれも惨憺たる失敗におわった。（中略）もはや戦争というものではなかった。災害といっていいであろう。」

「あくまでも兵隊を要塞正面にならばせ、正面からひた押しに攻撃してゆく方法に固執し、その結果、同国民を無意味に死地へ追いやりつづけている。無能者が権力の座についているこの災害が、古来これほど大きかったことはないであろう。」（『坂の上の雲』旅順攻撃）と最大限の表現で罵倒しまくっている。

確かに失敗を反省せず、性懲りもなく同じ過ちを繰り返すことを無能という。

しかし、読者にはもうお分かり頂けていると思うが、乃木と伊地知は馬鹿の一つ覚えの様に、殺人マシーンの前に、裸の兵隊を鉄砲一つで、繰り返し繰り返し送り出したのではないのである。

ここに司馬さんの、この小説の、最大の虚構性がある。塹壕をぎりぎりまで進める正攻法に戦法を変えていることは頬かむりだ。

いかに司馬さんが勉強していないか、いや、この二将軍を貶めようと……いや、もうよそう、私の文章までどぎつくなりすぎてしまう。

それにしても親の仇の様に攻撃する司馬さんは、異様ではないか。

正攻法は確実に成果を上げていた

歴史学者・福井雄三氏は著書のなかで、伊地知幸介の孫の老婦人の嘆きを書いておられる。

「よくもまあ司馬遼太郎は、これだけ嘘八百のでたらめを書き並べて」と。

（『歴史小説の罠』総和社）

名誉棄損で訴えることも辞さずと思われたかもしれない。

御子孫の無念や想像に余りある。

司馬さんの、このパラノイア的（妄想的）な二将軍に対する憎しみは、本書の後の章で詳しく考えることにして戦闘に戻ろう。

陸戦の勝利が、（1）攻略目標確保、（2）最少損害、と定義するならば、第二回総攻撃は（1）は完遂できなかった。

しかし表5－2をご覧頂きたい。

第一回総攻撃で我が軍は、参加兵員五〇、七六五名中実に一五、八六〇名の死傷者（三一、二％）を出したが、今回総攻撃は、正攻法のおかげで、犠牲は四四、一〇〇名中三、八三〇名（八・七％）と激減しており、逆に露軍の死傷者は四、五三二名と逆転している。

時間はかかるが、我が突撃隊を敵の弾雨より守る塹壕を掘り進め

表5－2　2回の総攻撃における両軍兵力と損害

		兵力	死傷者
第一回	日本軍	50765	15860
	露軍	33700	1500
第二回	日本軍	44100	3830↓
	露軍	32500	4532

る正攻法に、わずかながら光明が見えてきたのである。

確かに第二回総攻撃は失敗に終わったが、井上幾太郎日記にあるように、目的完遂までもう一歩なのだ。


さらに、第一回で盤龍山堡塁を占領した第九師団第六旅団一戸兵衛は、東鶏冠山北堡塁と望台の間のP堡塁を確保した。同一部隊が二度も堡塁奪取したのは初めてである。

大層喜ばれた明治天皇から「以後、一戸堡塁と名づけよ」と異例のお言葉を賜ったという。

番外章　砲兵出身陸上自衛隊高官から学ぶ

シロウトの攻城戦術および砲術入門

ある夜、カラオケが歌える小さな店で、朗々と陸軍の軍歌を歌っている紳士達がいた。その中の一人は、素晴らしい美声の持ち主だった。

対抗心がわき上がった訳ではないが、私も負けじと「歩兵の本領」など歌いまくったが、そのうち自然に名刺交換となった。

美声の持ち主は何と陸上自衛隊の高官であった。しかも陸将、昔の中将閣下である。話をお聞きすると野戦特科（旧軍の砲兵）出身とのこと。この千載一遇のチャンスを逃す手はない。

砲術についてかねてから疑問に思っていたことを、カラオケそっちのけで質問攻めにした。大変ご迷惑をおかけし、今となっては汗顔の至りである。

——『坂の上の雲』は陸自ではどのような評価ですか。司馬さんはできる限り史実に基づいて書いたといっていますが。

「あれは全くの小説ですから楽しく読んだらいい本です。深刻に考えるような本ではありません」

幹部学校（昔の陸大に相当）での戦史資料とはなり得ず、まして内容など学校では議論にもなっていないとのこと。

逆に、シロウトである私が『坂の上の雲』にこだわるのが不思議で仕方がないようだった。

――旅順攻略戦で苦戦した理由はたくさんありますが端的に言ってなんですか。

「第一回総攻撃は情報欠如。強襲法で可能と判断したことです。第二・三回は又別です。日本人は同じことを繰り返す程バカではありません。一回目を教訓としすぐ塹壕道を掘り進める正攻法に変えました。これにより突撃距離が短くなったことと、塹壕が敵弾から身を守ってくれることで犠牲が大幅に減りました」

写真番外－1　東鶏冠山北堡塁への塹壕（近フォト蔵）

――では二、三回目が失敗した理由は。

「様々な理由がありますが、その一つにカポニエール陣地があります。これは二八榴を使っても、図のように弾道が真上から外壕に入るわけでもないので破壊できません。放物線をえがいて飛んだ二八榴の弾丸は、咽頭部（堡塁の中枢）の建築物の掩蓋をベトンであっても撃ち抜くことができます。

問題は外壕の前面（外岸）の中に隠されているカポニエールの位置ですね。ここの破壊も直撃すれば理論上可能ですが、しかし第一、カポニエールは攻撃側から見えませんし」

――それでは効果的なカポニエール対策は？

「坑道を掘り進めカポの近くで爆破することです。爆破口よりカポ内に侵入して、カポ内戦闘にもち込み敵を制圧することです。

しかし敵もこれを察知するため、地面に聴診器のようなものを使用して掘る音を聴いており、音のする方へ逆に坑道を掘って行って我が方のトンネルを破壊して対抗しました」

図番外―2の図は香川元太郎氏が描いた第二回総攻撃直前の東鶏冠山北堡塁の立体図である。

突撃路は外壕ぎりぎりまでせまっていることがよくわかる。しかし敵の弾雨をかいくぐって

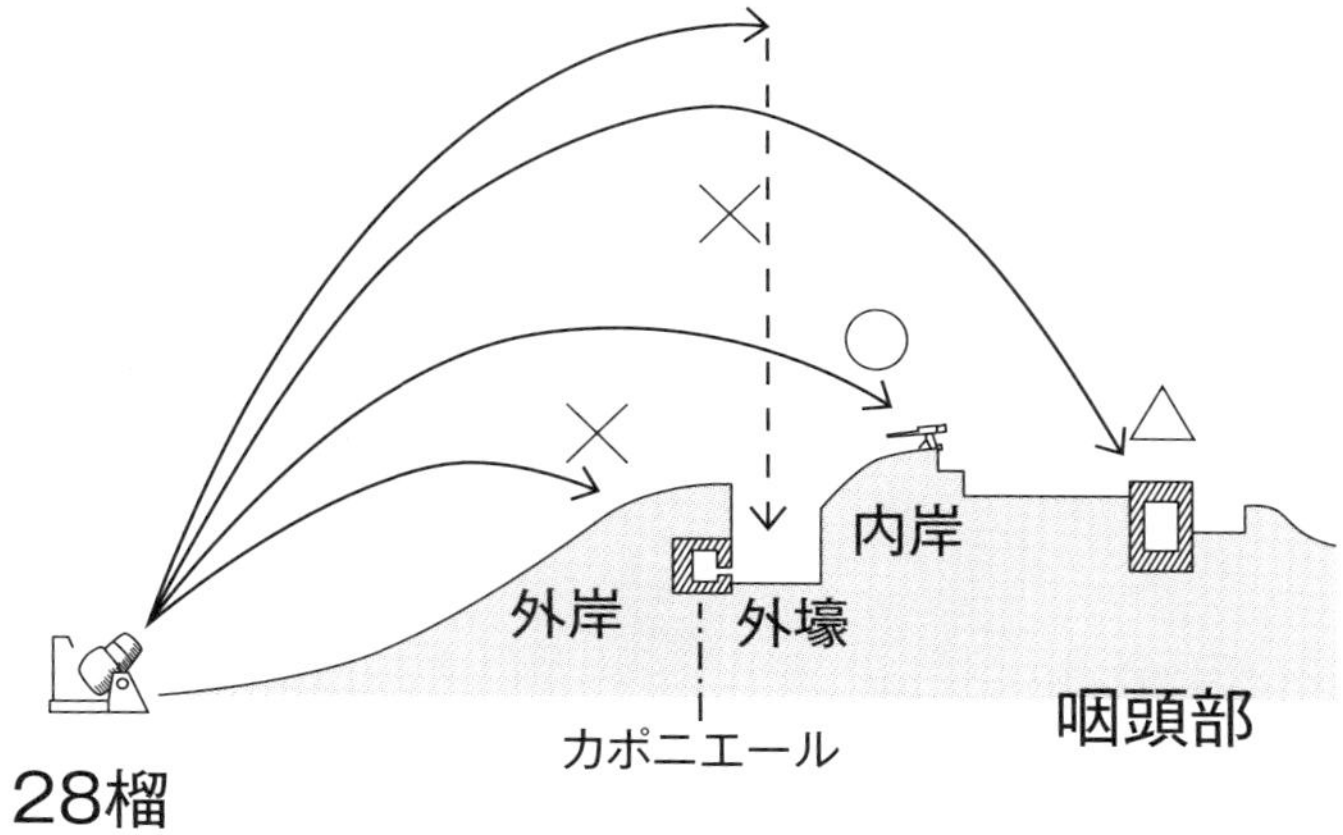

図番外－1　榴弾砲の弾道

弾道は放物線を描いて飛ぶので内岸頂上（胸墻）の兵力は破砕できる。
咽頭部も直撃できると破壊できる。
しかし外岸の奥深くにあるカポニエールは破壊不可能。
又、弾丸は外壕に垂直に落下できないので、同様破壊不可能。

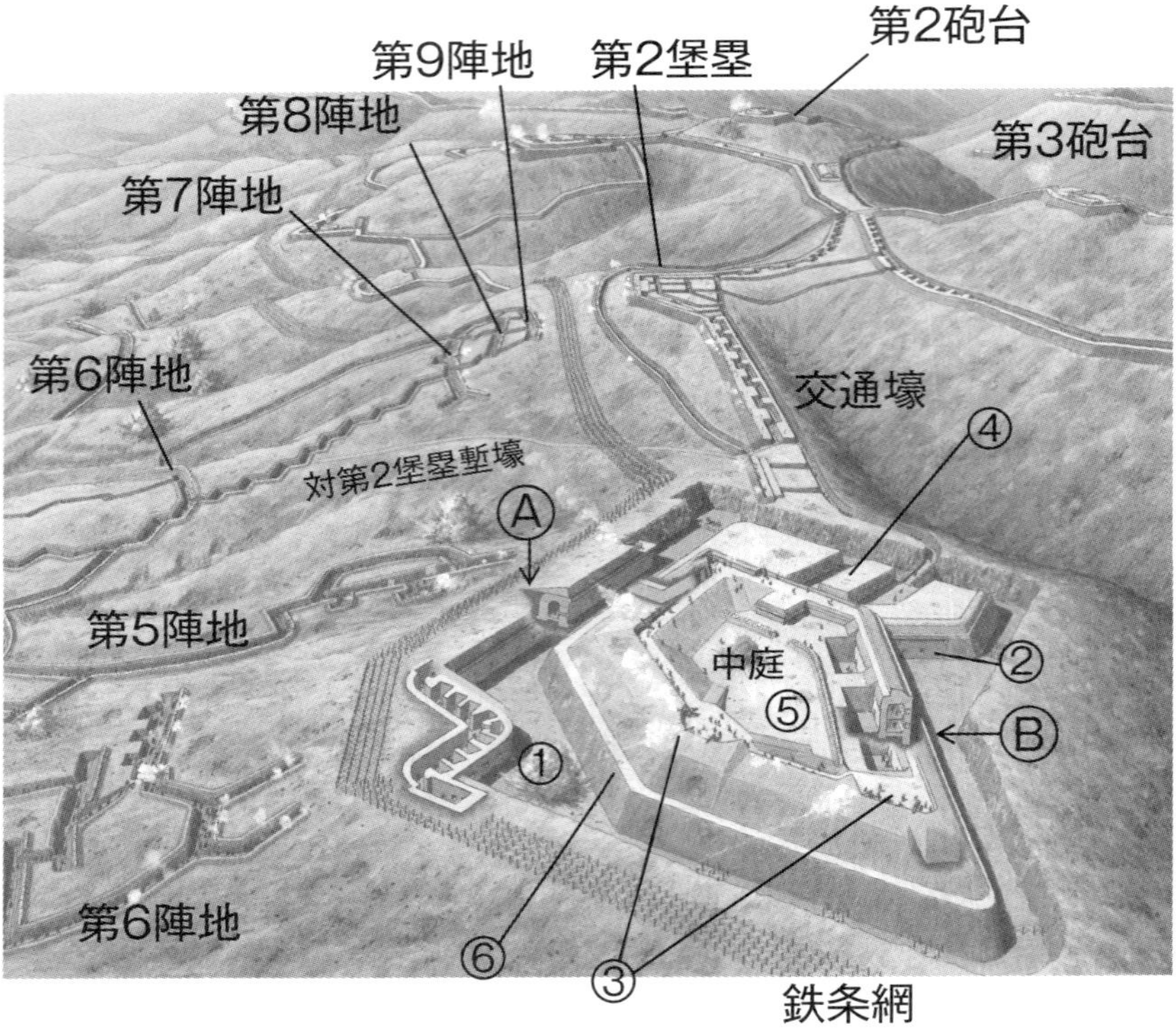

図番外－２　第二回総攻撃直前の東鶏冠山北保塁の構造

Ⓐ　外岸窖室の断面
Ⓑ　兵舎の断面（咽喉部棲息掩蔽部）
①　カポニエールの掩蓋をとった室内
②　内岸の窖室
③　近用露天砲座
④　露天砲座
⑤　第二胸墻
⑥　胸墻

「考証イラスト香川元太郎・学研歴史群像シリーズ
『激闘旅順・奉天』より」

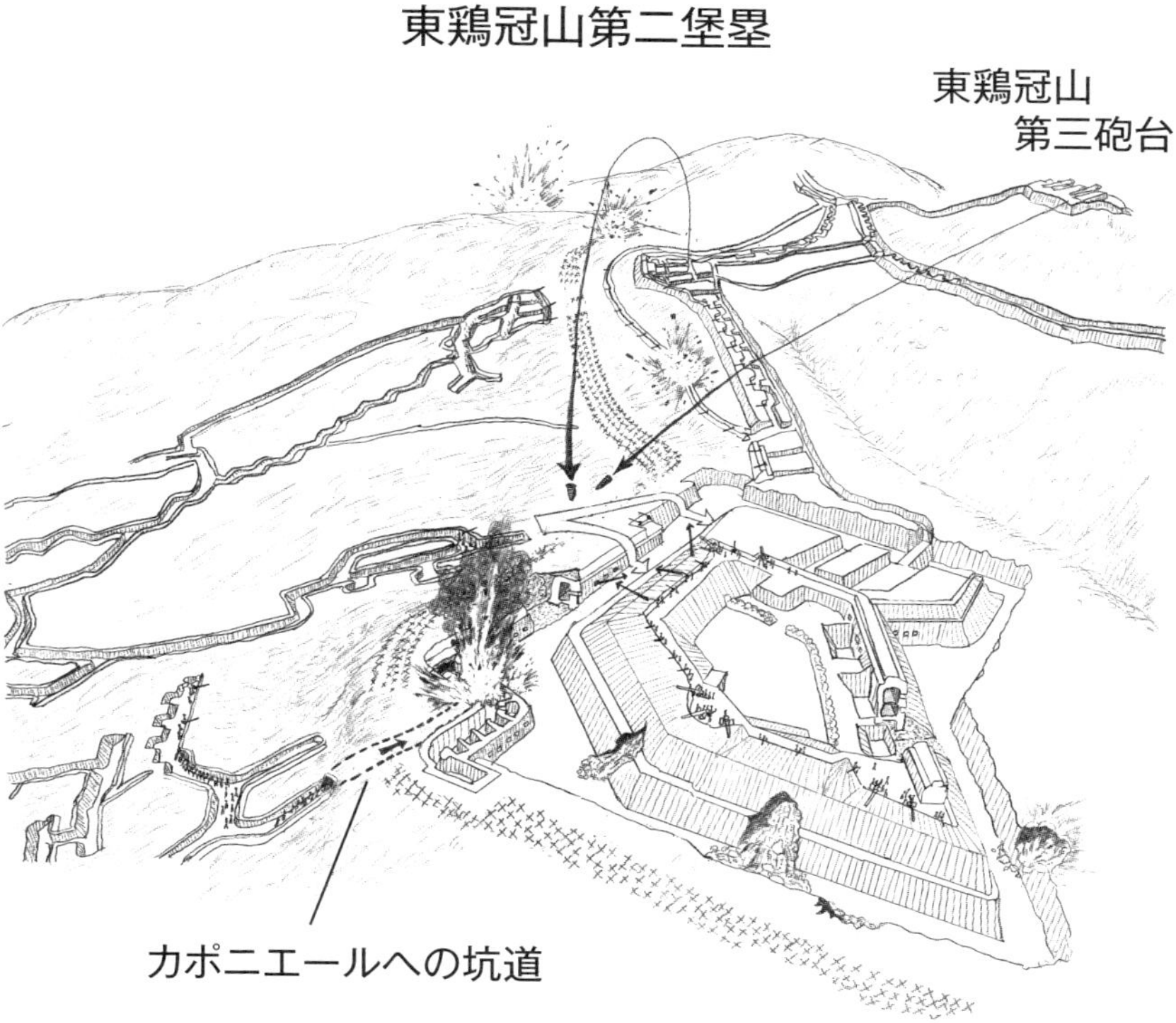

図番外－3　第二回総攻撃外壕通過失敗後のカポニエール対策

外壕に侵入した突撃隊は北堡塁のカポニエールと胸墻上の防禦火網のみならず隣の第二堡塁、第三砲台、交通壕からの援護射撃を受けたが、一番の脅威はカポニエールであった。そこで第6陣地より坑道を掘り進め、外壕コーナーのカポニエールに到達するや否や、これを爆破しカポニエールを制圧した。

外壕に突入したとしてもカポニエールや胸墻の上から、雨とあられと十字砲火を浴びて全滅したのだ。

図番外―3をご覧頂きたい。我が工兵は着実に、左下第六陣地先端より坑道をコーナーにあるカポめざして掘っていった。そしてカポの壁に孔があくやいなや爆薬を投入し破壊した。

今も突撃路は残っており、その先にカポを爆破した大きな孔があり、立ち入り禁止であるが入ってみた。

写真をご覧頂きたい。

薄暗く、大きなベトン塊がゴロゴロしていて鬼気迫るものがある。　合掌

写真番外―2　塹壕を外岸へ向かって進む

写真番外−3　奥が爆破されたカポニエールの壁

攻路がトンネル（坑道）に移行している所と思われるが、爆破により天井部分がなく露天になっている

写真番外−4
カポニエールへの爆破孔
…合掌…

写真番外－5　別のカポニエールへの坑道
完璧に補強されているので当時のままか否か
定かでない

――二八榴以外の大砲は活躍しませんでしたか。

「そんなことはありません。目標がはっきりしておれば狙って撃ちますから一五榴でも有効です。

一般的に榴弾には信管を用いますが、延期信管を使用した場合には着弾より〇・三秒遅らすと約二メートルの土の深さに潜ります。

そこで爆発するわけですが、構造物を破壊できるかどうかは構築物の厚さによります。

例えば、皆さんはベトンを、現在のコンクリートと思われていますが違います。当時のベトンは粗製のコンクリートと思ってください。実物の一部は善通寺の陸自記念館に展示してあります」

――信管の調整や使う弾丸の種類は攻城司令部が決めることですか。

「いいえ、弾種・信管の使用は、中隊から砲兵旅団司令官まで、状況により決定権者はさまざまです。だからこそ砲兵隊は最前線で敵陣を穴のあくほど望遠鏡でのぞいているのです。

弾丸は榴弾、榴散弾、破甲榴弾の三種類がある。

榴弾は前述したように信管の調整ひとつで、地表、地中両方を破壊できるので応用範囲が広い。

榴散弾は敵兵の頭上で炸裂し、ショットガンのように鉄片で殺傷する。第二回総攻撃の前哨戦で、老馬家南山から撃ち込まれ二〇三高地攻略の我が軍がこれにより全滅した。

破甲榴弾は硬い壁を貫通して中で爆発するものであるが、炸薬量が少ないためあまり使用されなかった。


ちなみに、陸自の富士総合火力演習に参加された方はご存じであろう。

榴弾でも着発信管付きは地表でピカッと光る閃光と、大きな土煙が同時に湧き上がりまことに華やかに見える。

延期信管付きは着弾時何もないが、遅れて土煙が盛り上がりズシンと重い轟音が響き渡る。地中の構造物が破壊されたのだなと想像できる。

時限信管がついた榴散弾は空中で爆発するため、パンパンとかん高い音と同時に空に閃光と黒煙が花開く。露天下の敵兵はたまったものではないだろう。

砲術の基本はすでに明治時代頃には完成されており我が国のレベルは最先端をいくものであったことに驚いた。

――陸将閣下は旅順へ見学に行かれたことはありますか。

「残念ながらありません。部隊指揮官などは責任区域（隊区）を不在にできないので……。ましてや海外については困難でしたから」

――昔、陸大で参謀旅行という研修がありましたが、幹部学校での旅順攻略の研究は現地を見ずしてやるのですか。

「ハハハ、我々は地図等を見るだけで状況が瞬時に理解できるようになっておりますので御心配なく。それに衛星写真など様々な手段があります」

大変失礼なことを聞いてしまった。我々の世界（医師）で言えば、手術前の患者が執刀医の体調を心配してくれるようなものか。

司馬さんも旅順の地図に攻略計画を何度も書き込み検討したと記しているが、やはり本物の指揮官の発言は重い。オーラが漂う。

――「旅順攻略は世界的にみてどのような評価を受けているのでしょうか。」

「それはもう、大勝利ですよ。第一回総攻撃こそ惨敗ということになりますが、トータルとしてみると文句なく大勝利です。

攻者三倍の法則を御存知ですか。

一般的に攻める方は三倍の兵力がいるといわれていますが、我が方は露軍に対し、せいぜい二倍弱ぐらいです。火砲は露軍の方が多い。この露軍が金城鉄壁の城に籠っているのをわずか五ヵ月で降服させたのですから。それより前の、クリミヤ戦争でのセバストポーリ要塞攻略戦や第一次大戦のベルダン要塞攻略戦とくらべて下さい。よくわかります。」

——旅順戦が大勝利というのは少しひっかかる気がするのですが。

「後世の人が、本当に資料を調べずに、風評・伝聞などでフィクションを作っていったからです。逆の立場の資料も面白いですよ。

『ソ連から見た日露戦争』など敵側の文献も参考になります。ソ連崩壊後、機密文書がどんどん公開されるようになってきましたね。実はノモンハン事件も日本の勝利だったのです。

歴史教科書や歴史本に、圧倒的なソ連の機甲師団に我が歩兵が蹂躙されたと書いてありますが実はそうではない。戦死傷者はソ連の方が多いのですよ。ソ連の司令官ジューコフもドイツ軍相手の戦いより苦しかったと言っています。

停戦交渉は日本側が下手で、不利な条件で手を打ちましたけどね。ぜひご自分で勉強してみてください」

――貴重な時間をとって頂いて有難うございました。またわからないことをぜひ教えてください。

「日本人にとって、歴史を自分の頭の中で考えることは非常に大事なことです。できるだけ協力しましょう」

と心強い励ましを頂いた。

数日して、日露戦役の旅順戦の文献一覧など送って頂いた。防衛省防衛研究所図書館蔵のものが多い。この図書館は一般人にも公開されていると初めて知った。

この高官に色々教授して頂いたおかげで、本書の執筆速度が速くなったことは言うまでもない。本当に感謝したい。

それにしても、陸自のトップとなるような人は本当に歴史をよく勉強している。

だからこそ、正しい戦史を世にもっと出して欲しいものだと思うが実際は口が重いのはなぜだろう。

正論を述べただけで首を切られた田母神俊雄空幕長の例もある。しかも自民党政権下でだ。

どうもこの国には保守・革新を問わず「軍事」を忌避する傾向があるようだ。「軍事」をもっとフランクに口にできるようにならなければ本当の平和などのぞめないのではないか。

戦後民主主義の闇は深い。

閑話休題が長すぎた。第三回総攻撃の検討に戻りたい。

第六章　またも失敗した第三回総攻撃（一一月二六日～一二月五日）

第三回目の攻撃を前に「二〇三高地を奮るべし」の電報

……読者と一緒になって再現してきた攻略戦、いよいよ最後の第三回総攻撃が近づいてきた。もうしばらくお付き合い頂きたい。

第二回総攻撃後も、工兵の奮闘は続く。坑道を掘り進め、外壕のカポニエールを徹底的に爆破するのだ。カポニエール破壊ができなかったことが第二回の失敗であった。

井上幾太郎日記には、カポニエールの壁面を爆破後突入するやいなや、「窖室内に土嚢、鉄板を運び込み、射撃しながら前進

写真6－1　攻路からカポニエールへ通過できるようになった（近フォト蔵）

する。さらに山砲を持ち込み障害物を破壊する。」など、あたかも市街戦のごとき描述である。

二二日の記録には「松樹山、二龍山及北堡塁に於ける外壕通過の設備は略ほ完成せるを以て……」とある。第三回総攻撃を前にして、前回失敗した問題点はほぼ克服されたと言えよう。（『長南編書』163頁〜）

白井二郎参謀は戦後陸大の講義で、次のように述べている。

「第二回の時には、一たび壕の中へ飛び込むと直ぐ横や後ろからやられて、まるで地獄の池のようなものであった。

それが今度は鼻歌を歌って壕の中が通れる。そこから胸墻を飛び越えることは訳がないというような勢いで、それ程成功を確信して居りましたので……」（陸大課外講演集第一輯『長南編書』574頁〜）

第三軍司令部も満洲軍総司令部も、こんどこそはと自信満々、目標はあくまで東北正面、もう一息なのである。

ところが東京から、またもや干渉が入る。

「二〇三高地を奮るべし」と。

画策したのは、あいもかわらず参謀次長・長岡外史。第一回攻撃の時も西方面を迂回する急襲を強要した人物である。

第三軍も二〇三高地の旅順港砲撃の観測点としての重要性は認識していた。

しかし、東北正面がもうすこしで陥せる。陥せれば（望台をとれば）すべてが解決できる。この時点で、攻撃目標を変えることほど愚かなことはない。

大本営、現地へ三度の干渉

しかし大本営もなぜか執拗である。海軍側からの圧力があったのであろう。

記録によると現地への干渉は三度ある。

第一回目、鮫島重雄中将（樺太遠征軍）と筑紫熊七中佐（砲兵）を直接第三軍に派遣。主攻を西方に移すよう勧奨するも相手にされず。

第二回目、十一月六日、長岡参謀次長が、満洲軍総司令部の井口参謀へ「第三軍司令部の首を切ってでも」と電報している。長岡と井口は乃木・伊地知の天敵といってよい。

第三回目、十一月八日、らちがあかぬと見た山県参謀総長と長岡は、海軍側と連名で、しかも御前会議の名前を借りて直接、大山満洲軍総司令官に電報するに至った。

天皇列席という事実を相手に示し、それとなく相手を威圧する官僚的なやり方だ。東京に残った軍事政治屋にすぎない山県と長岡は、戦の本当のやり方をわかっているのだろうか。わかった上で二〇三高地を勧奨しているのだろうか。

写真6－2　満洲軍総司令官
大山巌
（近フォト蔵）

第三軍司令部と満洲軍総司令部とは攻撃目標のくい違いはなかった

大山はすぐ返電した。

「コノ高地ハ旅順ノ死命ヲ制スルモノニアラズ」と。

二〇三高地は単に旅順港内砲撃の観測点にすぎず、ここを落としたからといって旅順が陥落するわけではない（実際このとうりに戦いは展開した）。

大山はさすがである。

御前会議の名を借りた圧力にも、いささかブレることなき正論である。

さらに大山は「海軍がまだ艦船の修理に着手していなければ早急にしたらどうか。どっちみち、本国の船渠は全ての船を同時に修理できないのだから、封鎖は多少手を抜いても大丈夫」と皮肉も込めた返電をしている。

同日児玉総参謀長も、直接山縣に同内容の電報を送っている。

第三軍と上級司令部の満洲軍総司令部の考えは、一心同体、東京からの電報をいらぬお世話とばかりはねつけている。ところが司馬さんは第三軍と満洲軍総司令部とのコミュニケーションの悪さを次のように創作している。

「乃木軍司令部の奇妙さは、戦史上類がないといっていいほどの無能頑迷な作戦を遂行しながら、しかもその戦況報告すらろくによこさぬことであった。（中略）『いったい、どうなっているのか』と、総軍の参謀たちは、みな腹をたてていた。

無能無策というものは、ろくな作戦をたてられないだけでなく、報告書も書けないのだ。報告というのは、報告にあたいする戦いを創造しているばあいにのみ書けるわけで、（中略）すべては伊地知幸介の能力と性格の欠陥にある、と児玉源太郎はおもっていたが……」（『坂の上の雲』旅順総攻撃）

そうか、伊地知幸介は、上級司令部に文章一つ書けないのか……。

ここは、――講釈師見てきたような嘘を言い――としておこう。

第三回総攻撃（十一月二六日～一二月五日）東北正面の失敗

乃木は総攻撃を二六日と定め、大本営及び総司令部に攻撃計画を提出し承認を得た。

内地より最後の増援兵力として第七師団が二二日に大連に上陸している。もうこれで日本には予備兵力がない。

攻撃直前に乃木は、明治天皇から直々に勅語を賜った。

彼はもう後がないと思っている。

もちろん第三回総攻撃に先立って、工兵隊は外壕に坑道をぎりぎり近づけ、外壕の外岸にあ

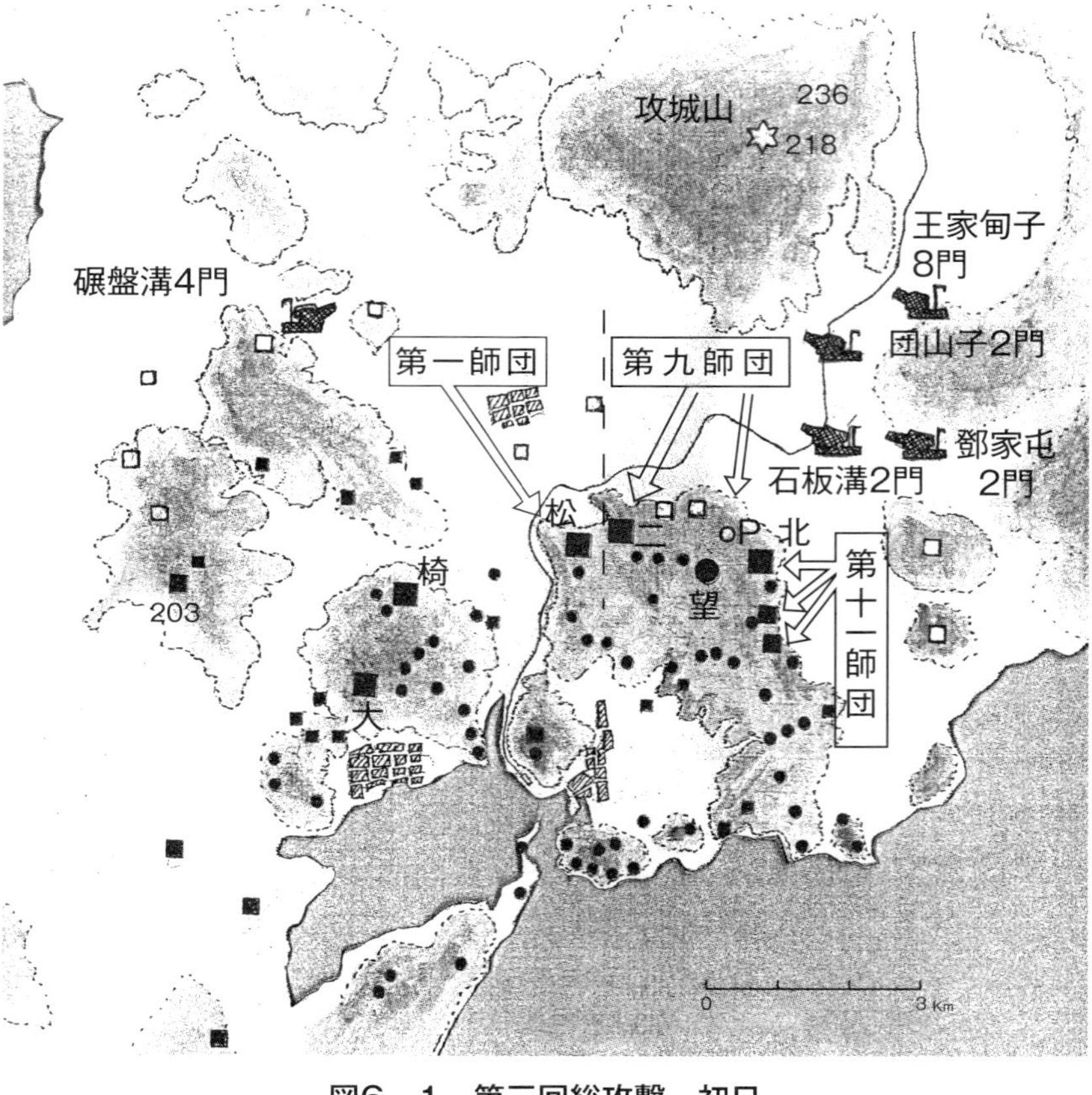

図6－1　第三回総攻撃　初日

：28榴弾砲

布陣は第二回の時と同じである。
28榴は計18門に増強されていた。

るカポニエールを爆破していた。

カポニエール内に侵入した我が兵は、鉄製防盾を持ちながら敵兵を撃ち、土嚢を積み、軽砲までも据えつけた。発砲しながら敵兵を追い込み殲滅していった。

もはやカポニエールはない。突撃路より自由に外壕へ入れるのだ。東北正面三大堅塁の外壕通過作業は完了したといえる。

今度こそ成功するはずである。

図6－2は、代表例として東鶏冠山北堡塁の戦闘の様子である。

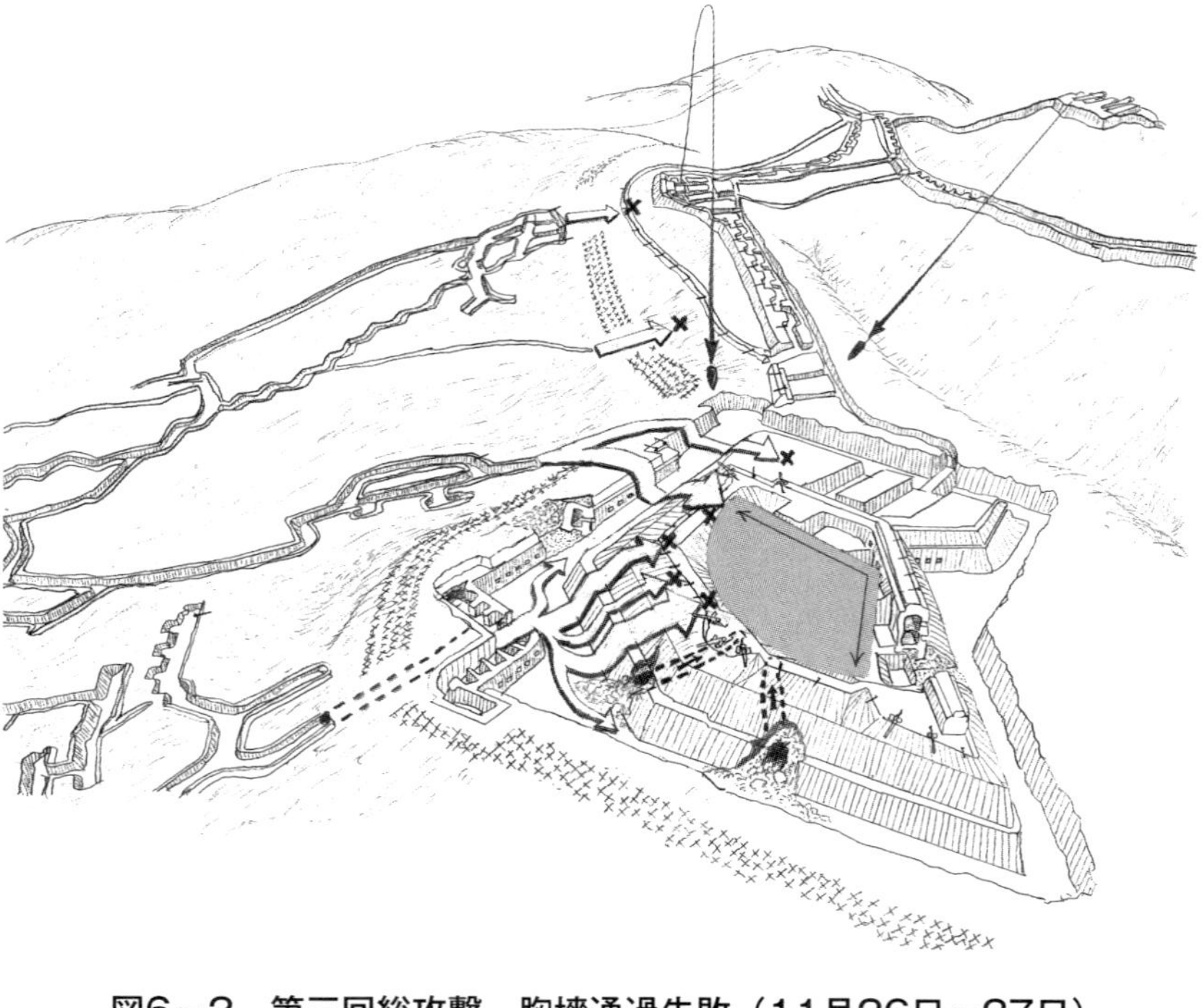

図6－2　第三回総攻撃　胸墻通過失敗（11月26日～27日）

外壕から胸墻にとりついた突撃隊は、さらに内部の第二胸墻や咽頭部の兵舎さらに第二堡塁、第三砲台、交通壕などの火点から集中砲火を浴びた。扇形は敵砲火の掃射野を示している。

突撃隊は、午後一時頃より外壕通路より胸墻斜面にとりついた。が、どこからともなく機関銃弾が雨あられと飛んできた。胸墻頂上に立った将兵はバタバタと倒された。

倒される時、「なぜだ」と叫んだに違いない。

参謀達は外壕さえ突破できれば、胸墻《きょうしょう》をよじ上り、そこから容易に内部に突入できると考えていた。しかし、露軍の完璧な防諜の為、胸墻より内側の内部構造は全く分かっていなかった。内部には中庭があり、土嚢で仕切られており、機関銃坐が据え付けられている。さらに、その奥の兵舎の屋上や銃眼からも狙われる。又、他の堡塁と連絡する交通壕からも敵弾が飛んできた。

夕方までに総兵力の三分の二が死傷し、撤退せざるを得なくなった。たった一日で第三回総攻撃の東北正面攻略は、またしても頓挫してしまった。

外壕通過問題解決の後にはさらなる難問、胸墻処理問題が残されていたのである。

誰一人この時までに知る由もなかった。

次から次へと新しい難題が湧き上がる。

情報入手が不可能な第三軍を、これでも無能と呼べようか。

白襷隊の夜襲

追いつめられた乃木は、かねてから各師団より選抜していた決死隊を夜襲に使うことを決心した。

これは、第二旅団長　中村寛少将が以前より熱心に具申していた案であった。

志願者三千百人あまりからなる純白の襷を掛けた特攻隊が、夜襲をかけようとするものである。水師営より秘かに南下し、龍河と鉄道と旅順街道が平行している狭間を、松樹山の麓伝いにこっそりと駆け抜け、手薄な松樹山第四砲台を占領し、あわよくば港口にある白玉山を取ろうとする大胆なものであった。

現代の敵陣攪乱や要人暗殺を目的とするコマンド部隊であれば理解できる。しかし、米陸軍のグリーンベレーや海軍のシールズにしてもせいぜい数十人。白襷隊の三千名は規模が大きすぎ、いくら夜だからとて発見されずに夜襲できるとは甘過ぎる。

前進直後、松樹山補備砲台や他の砲台につかまり十字砲火を浴びた。中村寛隊長も重傷を負い、小銃しか持たぬ裸の部隊は六百五十名もの大損害を出し撤退した。

計画段階から反対論が多かったが乃木軍司令官が決裁したのである。

歴史家別宮暖朗氏は「旅順攻防戦における最大の愚行」と手厳しく、今までの乃木の堅実な

写真6－3　歩兵第二旅団長
中村覚少将
（近フォト蔵）

写真6－4　白襷隊（近フォト蔵）

プリンシプルを破ったのは乃木の強い焦りがあったからだとする。(『日露戦争陸戦の研究』)

一方、長南政義氏はもう少し乃木に深慮があったとする。松樹山南方の旅順街道附近には守兵が少ないとの情報を得ており、三大堡塁正面攻撃と同時に、搦め手からの特攻は意味があったという。

事実、松樹山第四砲台は守兵わずか一八〇名、露側の資料によると、二六日夜一時的に奪取されたが、援軍により撃退したという。

もし予備の第七師団全部を投入すれば成功していたとの説もある。(『長南編書』687頁〜)

無謀とされる白襷隊の投入は、反乃木、反伊地知感情の強い者たちによって、乃木の藁にもすがりたい程の精神衰弱説の引き合いによく出されるが、今後さらなる検討が必要となるだろう。

司馬さんがこの失敗を、口をきわめて罵りまくっているのは言うまでもない。

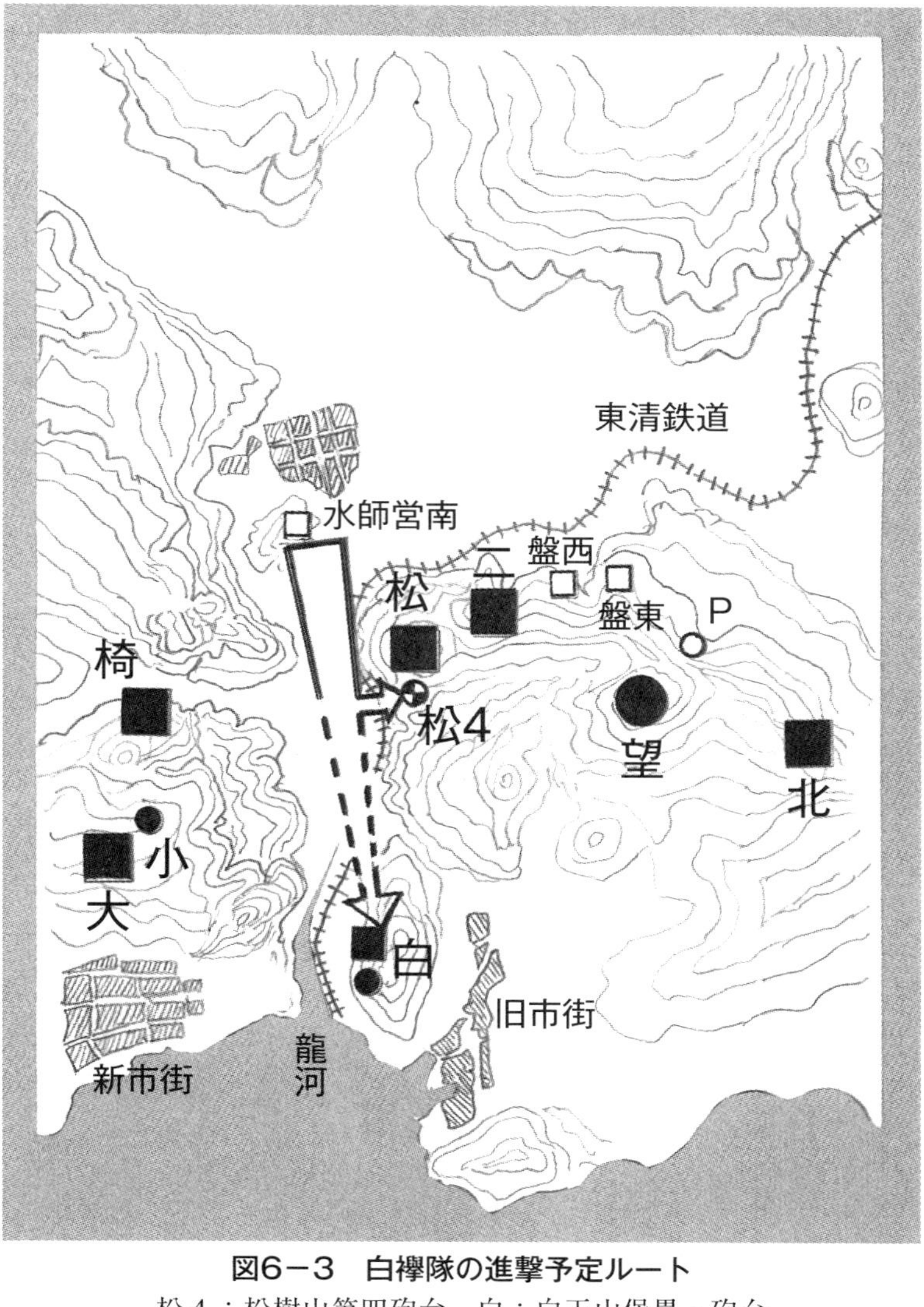

図6−3　白襷隊の進撃予定ルート

松４：松樹山第四砲台　白：白玉山堡塁・砲台

水師営南方より闇にまぎれて進発し一時的に松樹山第四砲台を占領したが、逆襲により失敗した。

第七章　救世主として描かれた児玉源太郎神話

果たして児玉は任侠映画の救世主か

話をガラッと変える。

団塊の世代が学生だった四十数年前、我々は何かわからないエネルギーを持て余していた。日々の悶々を、当時全盛期であった東映任侠映画に投影して楽しんでいた。

やくざ映画はガス抜きの場だったのだ。

「昭和残侠伝」や「日本侠客伝」など、今は亡き高倉健や池部良などが、最後の最後に白刃を振り回すだけの単純なストーリーであるが、当時は絶大な人気で二十作近く作られたのではないだろうか。ストーリーはほぼ同じだ。

昔気質の病弱な老組長が病に伏し、敵対する組から悪質な嫌がらせを受け、縄張り（シマ）を荒らされている。老組長を支える立場の若頭は無能で、保身しか考えず組員の士気も上がらない。組の消滅はもはや時間の問題。老組長は精神的に追い詰められ、危篤に陥った。

その時、老組長に恩義を感じる渡世人の我らが「健さん」が何処からともなく現れ、着流し姿に長ドス（日本刀）を携え、唐獅子牡丹の主題歌が流れる中、たった一人で敵の組へ殴り込む。

「健さん、待ってました！」

客席から拍手と大歓声が上がる。敵の組員を一人で始末した後、短い台詞を残して健さんは立ち去るか、官吏に捕縛される。各作品の脚色の違いはあっても、ざっとこんなところであろうか。


病弱の老組長を乃木希典、無能な若頭を伊地知幸介、老組長に恩義を感じる渡世人に児玉源太郎を当てはめるとどうであろうか。

実はこの児玉→健さん論のルーツはノンフィクション作家関川夏生氏にある（文芸春秋平成一五年七月号）。氏は昭和二十四年生まれ、やはり健さんは団塊の世代の永遠のヒーロー

写真7−1　我らが健さん

●タイトル：「昭和残侠伝 Blu-ray BOX 1,BOX 2」
●発売中
●価格：BOX1 23,500円（税抜）/BOX2 18,800円（税抜）
●発売元：東映ビデオ　販売元：東映

なのだ。

結局『坂の上の雲』も、日本人が好む勧善懲悪路線に乗ってストーリー展開がなされているのである。しかし、史実を任侠映画路線に改竄されたのではたまらない。

二〇三高地と児玉源太郎

第三軍最後の乾坤一擲、第三回総攻撃はわずか一日で頓挫した。

誰もが「日本は敗けるのではないかと」暗澹たる気持ちに放り込まれた。

任侠映画風にすると、第三軍の危機を知った「健さん」こと児玉源太郎は、一人で乃木組を訪れ、神経衰弱になっていた老組長に代わって、無能な若頭を抑え込み、自ら指揮を執って二〇三高地を攻略し、戦の流れを変えたヒーローとなる。

「『それで児玉さんは二〇三高地をやりなさるのですな。』（大山）

『各師団の攻撃部署やら砲兵陣地やらを大転換させねばなりませんから、これは大ごとになりますが、一気呵成にそれをやってしまいたいと思います。』（児玉）」

（『坂の上の雲』二〇三高地）

これは、乃木軍の無能ぶりに児玉が堪忍袋の緒が切れて、直接、自分が旅順へ指導に乗り込む許可を上司の大山に求める有名な場面だ。

しかし、「二〇三高地編」のスタートラインから間違っているので、今となっては読み返す気がしない。

写真7−2　満洲軍総参謀長
児玉源太郎
（近フォト蔵）

二〇三高地攻撃を決定したのは乃木軍司令部自身であった

満洲軍総司令部の大山と児玉は、重なる大本営の二〇三高地攻略の勧奨を拒絶していることは既に述べた。

第三回総攻撃が失敗したからといって、彼らが目標を二〇三高地に変えたとの記録はない。逆に、第三軍側に目標変更の資料がある。

白井二郎参謀の陸大講義録に詳しく記載してある。概要を記す。白井は、攻城砲兵司令部で各師団との電話連絡係をしていたので、総合的な情報を掴んでいた。（『長南編書』577頁〜）

第九師団長や白襷隊中村覚少将から、「もはや到底成功の望みなし」との連絡を受け、二〇三高地しかないと直感した。

そこで二〇三高地担当の第一師団に相談すると、二十八榴を十分に奮発してくれれば可能とのことで確信を持ち、上申したところ乃木軍司令官は裁可。

早くも二七日午前十時、軍司令官命令が下達された。

「軍ハ一時本攻撃正面ニオケル攻撃ヲ中止シ二百三高地ヲ攻撃セントス」

一時的に東北正面攻撃を中止することに留意頂きたい。

あくまで二〇三高地は「海軍へのサービス」といってはひんしゅくを買うが、陸軍の本来の戦略ではないのである。

大山からお目付け役として派遣されていた総司令部の福島少将は、最初は反対であった。

このことこそ**大山、児玉は、二〇三高地は念頭になかった**ことの証左であろう（後に福島も同意）。ともあれ絶体絶命の背水の陣で二〇三高地戦が開始された。

新鋭第七師団が最後の切り札であったが、各要塞に対する布陣は第二回とほぼ同じであった。

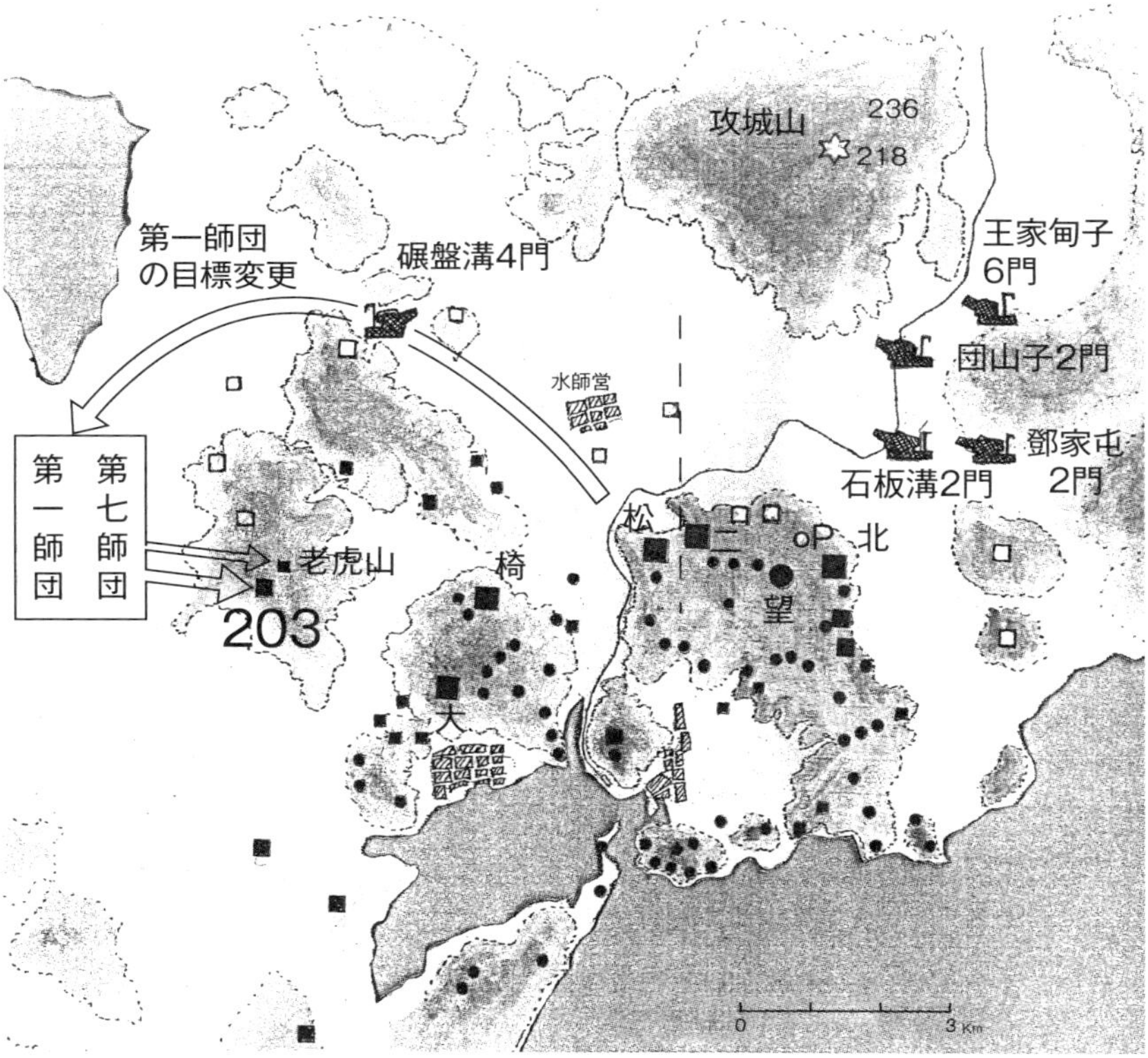

図7－1　第三回総攻撃失敗後　203高地への攻撃目標転換

虎の子の第七師団が投入された。

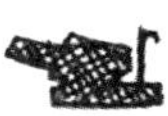

：28榴弾砲

児玉は何のために旅順へ来たのか

一言でいって督戦のためである。

第三軍の下手をみかねて乃木に代わるとか、乃木は自決をするかも知れないので見届けに行くとか、児玉をヒーローにしたい人はとかく喧しい。

しかし、総参謀長児玉が軍司令官乃木に代わり、指揮をする、又は指導するのは軍制上、同じ大将同士であっても不可能である。

ただ、上級司令部の大山総司令官が、児玉を「乃木の代行させる」という命令があれば話は別だ。

乃木から児玉への指揮権移譲の一札は存在したか

『坂の上の雲』で「予に代わり、児玉大将を差遣す。児玉大将のいうところは、予の言うところと心得べし」という一札を手にして、児玉は旅順に赴いたことになっている。

（『坂の上の雲』二〇三高地）

もしあったとしたら、凄い重みのある一札である。

児玉は乃木の名誉のために、これを使わず口頭で乃木を口説き、自ら二〇三高地を攻め取ったあと、大山に秘密裏に返納したことになっている。
これが真実であれば、児玉は親友の顔を立てつつ目的を完遂した、任侠映画顔負けのカッコ良さである。

しかし、このカッコ良い児玉像は、副官の田中国重少佐の思い出話にしか出てこないことに留意すべきだ。

田中の思い出を載せた本は次の三つ。
（一）谷戦史（『機密日露戦史』）
（二）『秘密日露戦史』（参謀本部編）
（三）『名将回顧　日露大戦秘史陸戦編』（朝日新聞）
これらの編者は、田中の口述を正確に伝えたのであろうが、なにしろ「谷戦史」は大正一四年、（三）に至っては昭和十年の講演内容である。
時間と共に田中の記憶が薄れて行ったこともあろうし、なにより児玉を崇拝してやまない田中が、必要以上に児玉を美化した可能性がないとは言えない。

『秘密日露戦史』にしても、内容は少し疑問だ。田中の回想として、十二月一日児玉は乃木に「二〇三高地の指揮を予に任せろ」とせまり、乃木は涙を流して「致し方ない」と返答したとある。

しかし、児玉がもし親友乃木の名誉を重んじるのであれば、副官田中の前で流涙させるようなことをしないであろう。

旧陸軍出身の歴史家、桑原嶽氏は、乃木が自決をしたならともかく、天皇任命の親補職軍司令官を、大山といえども軽々しく児玉に代行させるなど不可能と言う。竹馬の友の乃木と児玉の濃密な関係である。

単なるアドバイザーとしてのり込み、軍制を尊重しながら、言いたいことをズケズケ言っただけではないか。

つまり氏は「一札は無かった」説である。

ところが最新の研究で、長南政義氏はやはり一札は存在したと発表している。

（陸軍省編　明治天皇御伝記資料　明治軍事史下巻『長南編書』691頁〜）

この一札にもう少しこだわってみたい。

――もし一札があったとして、誰が大山に一札書くように勧めたのか――

大山、児玉、乃木の間では、大本営の干渉をはねつけて徹頭徹尾、東北主攻方針はゆるぎなかった。それだからこそ三回目がわずか一日で頓挫したからといって、すぐさま乃木単独で二〇三高地へ転換できるものであろうか。

もし東北主攻が失敗した場合、海軍へのサービスのため、すぐさま二〇三高地へ切り替える約束が三人の間で出来ていたのではないか。もちろんその戦機を決心するのは現地の乃木軍司令官に権限があるのは言うまでもない。

なにか司馬さんの描き方だと、乃木は黙ったままで周囲に流される操り人形的である。

本当は、乃木、伊地知に指揮させたくない大本営の長岡が、盟友井口と謀って大山に指揮権移譲の一札を書くように勧めたのではないかと私は勝手に考えているのだが。

（小説では松川参謀が勧めたとなっている）

私は、結果的にこのような一札はどうでもよいものだと考えている。

なぜなら、**児玉が駆けつけた時には、乃木軍による二〇三高地攻撃のグランドデザインが完成**しており、児玉の出る幕は殆んど無かったからである。

また聡明な児玉のこと、自分がしゃしゃり出ない方が上手くゆくことぐらいはわかっている。

二〇三高地で児玉は何に貢献したのか

結論から言うと、一二榴一五門、九糎臼砲一二門　計二七門の攻城砲の移動を提案しただけである。

第三軍の全火砲三百数十門のわずか数パーセント、ただそれだけである。

これらの砲は東北正面で、第九及び第一一師団の援護射撃をしていたものである。主攻が二〇三高地に急遽変更されたため、第三軍は西方への移動をすみやかに検討していた。シロウトでも、目標が変われば砲の位置も変えるのは当然だとわかるであろう。第三軍は、児玉の来るのを待って砲の移動をするようなノロマではない。

ところが司馬さんの手にかかると、児玉は、絢爛たる歌舞伎の千両役者になってしまう。まさに司馬マジックである。

『坂の上の雲』によれば、第三軍司令部の中で、児玉は全員を集めて獅子吼《ししく》したことになっている。

「『攻撃計画の修正を要求する』といってしまった。乃木がいうべき言葉であった。一同、児玉の横にすわっている乃木の顔をみた。乃木はことさらに表情を消し、一個の置物に化したように沈黙していた。
児玉の命令は、これまでの第三軍の戦術思想からいえば、驚天動地のものであった。（中略）『二〇三高地の占領を確保するため、すみやかに重砲隊（火石嶺）を移動して、これを高崎山に陣地変換し、もって敵の回復攻撃を顧慮し、椅子山の制圧に任ぜしむ』」

（『坂の上の雲』二〇三高地）

この部分も**タネ本は『機密日露戦史』**である。
しかも**内容は誤りだらけ**である。次に誤りを列記する。

一、陣地変換された重砲隊の元の位置は火石嶺ではなく、東北溝と団山子である（以後の資料は「公刊戦史」による）

二、火石嶺は、攻城砲兵司令部のおかれた鳳凰山のやや西で、海軍重砲隊の一二加六門、一五榴二門が設置されていた。
一二加は射程七キロなので旅順港にぎりぎり砲弾が届くが、カノン砲だけに砲弾は一六kgと軽く、対要塞戦には不適切である。
実際この砲は港内の敵艦に命中弾を与え、敵艦隊を追い出すことには成功した殊勲砲であるが、二〇三高地向けに移動する値打ちはない。

三、移動したのは、東北溝の一二榴の一部と団山子の九臼の一部である。

四、**移動先は高崎山ではなく、太平溝**である。

重砲移動の目的はなにか。

もう一度地図をご覧頂きたい。

二〇三高地を含む対要塞攻撃には、すでに各所に据え付けてある二八榴で十分である。

なにしろカノン砲より長射程（七・八キロ）で砲弾重量は二一七kgと他砲弾より図抜けて巨大だ。

五、はるかに小さい一二榴と九臼の移動は、この高地の裏（南）に控える敵砲台からの反撃を制圧するためだけである。

しかも司馬さんが言うように高崎山に移動すると弾が届かない。

（射程は一二榴五・六　九臼　四・二キロ）

しかし太平溝に移動すると、鴉鳴嘴（あしじ）のみならず、第二回総攻撃の前哨戦で、榴散弾攻撃をくらい煮え湯を飲まされた老馬家南山も十分射程内だ。

また大案子山、北、南太陽溝などの南方の強力な砲台、堡塁の制圧ができることは言うまでもない。

小説では椅子山からの反撃を心配しているが、すでにこの山は重砲移動前の陣地からも、どの二八榴陣地からも射程に捉えられており、この山のために陣地移動の必要はない。

このような間違いだらけの『機密日露戦史』が、陸大の教本になっていた事こそ驚きであるが、この本については章を改める。

図7−2　配置転換された重砲陣地と射撃可能範囲の状況

作図：株式会社シミュレーションジャーナル（『坂の上の雲　5つの疑問』より）

高崎山に重砲を移動すると要塞南部に届かない。

ところで『坂の上の雲』では、児玉が二四時間以内に、二八榴を含む重砲の陣地転換を完了させたことになっている。

砲身だけでも一〇トンを超すこの砲が一日以内で移動できるはずがない。話としては、お化けのような巨砲を動かした方が面白いのであろう。逆に一般の重砲移動も針小棒大に書くのも司馬さんらしくて面白い。

「二八サンチ榴弾砲はもとより、最後方の火石嶺に置かれている陸戦重砲でも、それを据え付けるについては、一個のビルをつくるほどの基礎工事が必要であった」

火石嶺の重砲の移動事実はないが、あったと仮定して、その重砲は一二加総重量二・四トン、一五榴三トン、しかもいずれも車輪付きである。現代の砲のようにゴムタイヤでないので、運動性は悪いが一応動かせる。このようなものにビル並みの基礎工事がいるとは……。

ここまでくると、この小説を書くために、とことん資料を検索し、可能な限りフィクションを排除したという司馬さんの言葉に疑問を感じざるを得ない。

もしもの話であるが、私が若い頃、日露戦争時代の火砲を、今と同じように頭に入れたうえで『坂の上の雲』を読んだとしたら、何かおかしいと思っただろうか、それともやはり熱中していただろうか。

児玉は激情の人か、調整の人か

『坂の上の雲』を通じて、天才児玉が無能な官僚的人間を罵倒しまくる場面が実に多い。読者は自分自身が、児玉に憑依して読み進めていくので、まことに小気味よく爽快である。これをカタルシスと言わずして何と言おう。司馬作品が絶大な人気を博するゆえんである。

二〇三高地攻撃中に、敵陣へ向かって突進している我が兵の頭越しに、二八榴の援護射撃をするか否かの議論が司令部でなされた。

もちろん味方を誤射する可能性が多い。長いが面白いので引用する。

（砲兵中佐佐藤幸次郎が）

「『陛下の赤子を、陛下の砲をもって射つことはできません』といったから、児玉は突如、両眼に涙をあふれさせた。（中略）児玉はかれなりにおさえていた感情を、一時に吹きださせたのである。

『陛下の赤子を、無為無能の作戦によっていたずらに死なせてきたのはたれか……』と児玉は乃木軍司令部一同に八つ当たりし、絶叫する。

『援護射撃は危険だからやめるという、その手の杓子定規の考え方のために今までどれだけの兵が死んで来たか』

そして二〇三高地西南の一角に我が兵が貼りついているのをさし、『名誉ある勇士の死がせまっている。それを救おうともせず……』」

我慢に我慢を重ねてきた任侠の人、高倉健さんこと児玉源太郎の怒りが炸裂したのである。

ところが、第三軍側の証言は一変してクールそのものである。

調整型の天才　児玉源太郎

第三軍参謀の白井二郎の回想によると、「私たち軍の参謀や師団の参謀長以下に対し、まるで大学校の学生に問題でも課するように、『二〇三高地の攻撃案を提出せよ』と児玉が命じ、『みんなで一緒に相談して同一の答案を出した』ところ、児玉も笑いながら『うん、まあまあ、こうだろう』と満足の体であった」という。（陸大課外講演集第一輯『長南編書』693頁）

和気藹々の雰囲気ではないか。

攻城砲兵司令部部員　奈良武次の証言でも同様である。

「二〇三高地を攻撃中に二八榴の援護射撃をするか否かを、大迫第七師団長と奈良と議論させ危険ではあるがやろうとの奈良の意見が採用された。」（侍従武官長奈良武次日記回顧録）

要は、児玉は自分の面前で、人と人を十分議論させ、合理的な方へ導く調整型の天才であり、この調整能力がこの人物の魅力であった。

いずれにせよ、軍議の場で『陛下の赤子を……』と声涙あふれる児玉の絶叫は、司馬さんの読者へのサービスだった。

この一番力の入るシーンに、私は、四十数年騙されてきたと思うと感無量である。

児玉は総司令部においても、官位の上下を度外視して徹底的に議論させ、最後に一つの方向に導く。決して独裁的ではない。（独裁的なほうが小説の主人公になりやすいのだろうが……）自然に総司令部は論客揃いになり、議論風発になったという。（松川敏胤　詩仏耶日記）

この児玉が乃木軍司令部に来たからといって、彼の流儀が変わるわけでもないし、また乃木軍の作戦計画が、完成度が高いがゆえに、大幅に変更する理由もない。

従って軍議での児玉の激高もあり得ないと私は考える。

二〇三高地攻略成功の原因

二十八糎の支援のもと、第一師団が突撃を開始したのは、十一月二十七日午後六時。以後、五〇時間にわたり争奪戦が繰り返された。

一一月三〇日朝　新鋭旭川第七師団投入するも苦戦

一二月一日　同師団　大損害を受け撤退

　しばらく小休止

　この間重砲配置転換が行われていたのであった。

一二月五日　再攻撃　ついに二〇三高地完全占領

時系列で整理するとあっけないが、確かに重砲配置転換は大きな勝因の一つである。

もう一度、勝因を分析する。

一、重砲陣地転換により、南側に展開する敵砲台の制圧が可能となったこと。

二、近距離射程の九臼（九サンチ臼砲）を上手に使って、背面（港側）より応援に上がってくる露兵を粉砕できたこと。

三、二〇三高地は頂上が二つある二子山であるが、その西南角は露砲台より死角になっていたこと。

四、すでに塹壕の突撃路が西南角まで通じており、援護射撃さえあれば、すぐ取り返せること。

五、手製の迫撃砲や手榴弾の使用など、戦闘技術が向上したこと。兵器廠の新兵器を待たずとも必要にせまられて第一線で創意と工夫を重ねていたことは火砲研究の専門家佐山二郎氏の『日露戦争の兵器』に詳しい。

ここで、二の九臼について少し解説がいる。

九臼の独立大隊長、上島善重中佐は一二月三日、自分の陣地から二〇三高地の背面も丸見えと報告したところ、児玉がすぐ撃てと要求。しかし上司の許可がないと逡巡すると、伊地知が「自分が責任を持つからすぐ背面を撃て」と間髪を入れず命令した。

これが非常に有効で撃ちに撃ちまくると、露軍の増援部隊はたちまち飛び散り、死屍累々　後続部隊も送れなかったとある。（戦陣叢話　軍事研究会）

伊地知は砲弾不足ばかりを愚痴り、児玉に「お前は女か」と軽蔑される描写をされているが、事実は児玉と協力し決断する時はしているのである。

また児玉も児玉で、乃木軍に命令しても軍内の序列を無視するような高圧的態度はとっていない。

ちなみに九臼の写真を見ると、いかにもハンデイで持ち運びは楽そうだ。対人攻撃に大きな威力を発揮したはずだ。

佐山二郎著『大砲入門　陸軍兵器徹底研究』（ＮＦ文庫　光文社）

写真7－3　九サンチ臼砲。明治24年、大阪砲兵工廠ではじめて試製した火砲で、当初は青銅製の砲身だったが、35年から鋼製砲身にかえた。九サンチ臼砲というと大そうな攻城砲に思えるが、見るからに手軽に運べそうである。

日露両軍とも消耗戦だった二〇三高地の戦い

いくらコンドラチェンコ将軍が勇猛であっても、頂上をめざす増援部隊が九臼で出撃の度に粉砕されたのではたまらない。

人的資源は枯渇していったのだ。

『ソ連から見た日露戦争』によると、一二月五日午後三時これ以上の予備隊を送ることを断念したとある。**露軍守備兵が枯渇したことが二〇三高地占領成功の直接原因**であった。

一般的に、敵味方が意図せず共に消耗戦に引きずり込まれることがあるらしい。

写真7－4　占領後の旅順港（明治38年１月13日）
戦艦ポペーダ（右）と巡洋艦パラーダは閣坐しているが砲撃による効果か黄海海戦後の大破後自沈か不明（近フォト蔵）

戦史家、桑原嶽氏は、自身のビルマ作戦での経験で「主陣地のための前進陣地は、当然適当な時期に放棄されるべきものであって、決して玉砕してまで保持すべきものではない」と述べている。(『名将乃木希典』)

敵の総大将ステッセルが、乃木軍を北方での決戦に参加させないように、残存兵力を温存し、二〇三高地を含む西方面の臨時築城陣地を放棄し、東北正面三堅塁と望台に籠ってしまい、徹底抗戦されたら日露戦争の陸戦はさらに厳しいものになったであろう。

一方の乃木軍においても期せずして消耗戦に引き込まれてしまった。虎の子の第七師団の消耗も手痛かった。

せっかく占領した二〇三高地も、すでに露艦隊は自沈や砲撃で、もはや脅威ではなくなっていたため価値は半減していた。

日露の消耗戦で乃木軍が競り勝ったとはいうものの、果たして寄り道するような価値があったのか。旅順港内の情報が得られず、止むを得ないとはいえ、海軍の二〇三高地を攻めろという圧力に屈したのではなかったのか。

このように両軍の戦いを公平に見てみると、それぞれに洗練された作戦とはいい難い。それはそれで結果論であるので致し方がないが、少なくとも**二〇三高地争奪戦が旅順戦の死命を制**

したものではない。

第三軍もこれで決着がついたとは思っていない。この戦いの合間も、第三回総攻撃の失敗を胸に、東北三堅塁の胸墻を丸ごと爆破するため、さらに徹底的な塹壕戦をくりひろげていたのである。

二〇三高地は児玉抜きでも陥せていた

「児玉の重砲陣地の大変換は、みごとな功を奏しつつあった」
「児玉方式の砲兵の用兵は、きわめて重厚で適切であった」
「二〇三高地西南角は完全に日本軍によって占領された。わずか一時間二〇分である」
「まるで児玉が魔術をつかったような、うそのような成功であった」

（『坂の上の雲』二〇三高地）

だんだん司馬さんの表現が鼻につくようになってきた。

まず今までいろいろなエピソードを紹介したように、適切な位置に重砲を移動させたのは児玉一人のアイデアではない。皆が意見を出し合い効果的な砲撃ができたのだ。

もちろん龔みそにいわれているが、伊地知参謀長、豊島砲兵部長をはじめとして、多くの参謀達が関与したと考えるほうが自然であろう。

とくに二〇三高地背面より駆け上がってくる露兵を九臼で粉砕し、敵兵力を損耗させたことは大きな金星だ。

つぎに今までの（児玉が来る前の）二〇三高地に対する第三軍の努力の積み重ねを忘れるべきではない。

頂上まですでに第三軍は突撃路（塹壕）を完成させていたため、我が兵は安全に、何回でも頂上に押し寄せることが可能になっていたのである。

『坂の上の雲』を初めて読む人は、児玉が

図7－3　203高地陥落の図（乃木神社蔵）

８月19日の第1回総攻撃より４カ月　12月５日
やっと海軍の要望を満たすことができた。

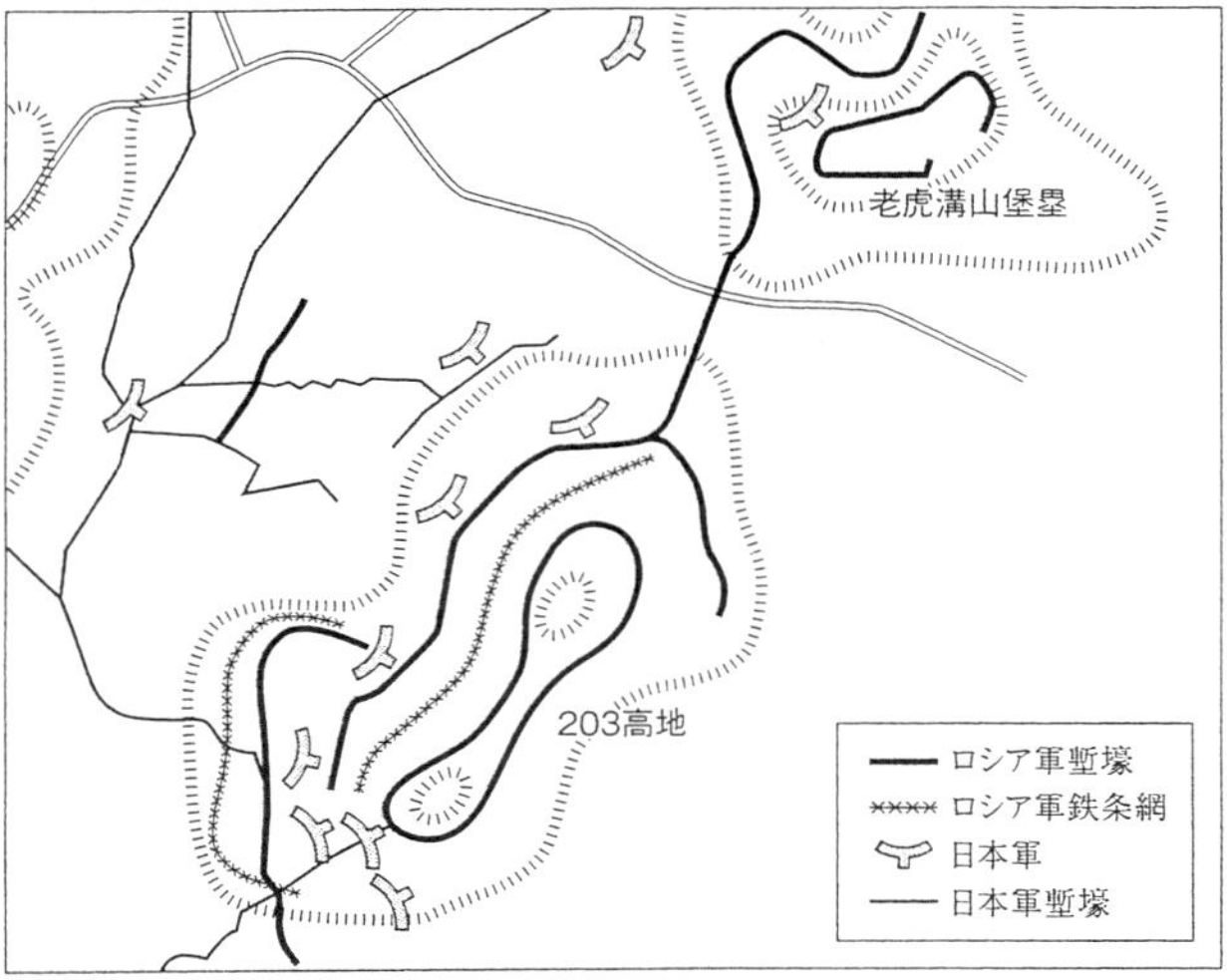

図7－4－1　『日露戦争　陸戦の研究』
（別宮暖朗著　ちくま文庫　P.201）

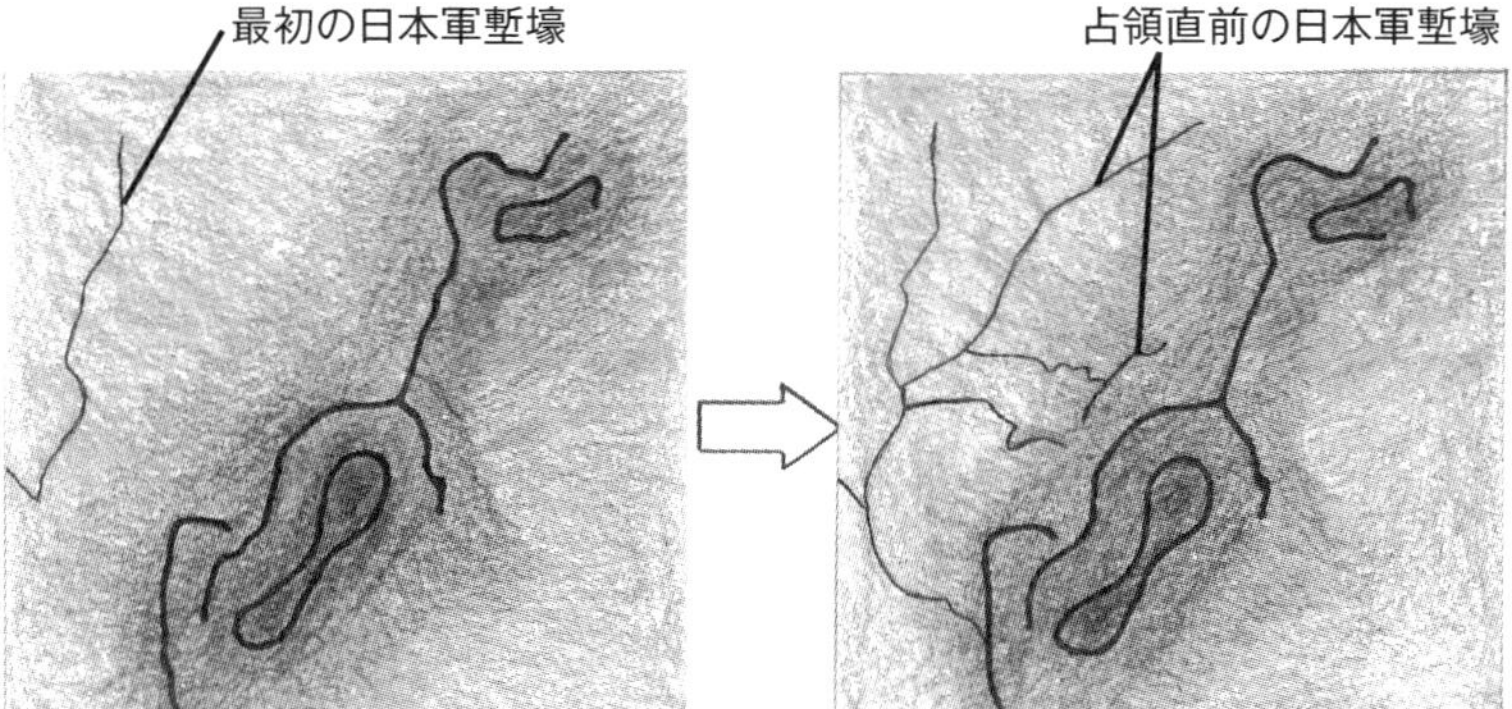

図7－4－2　第二回総攻撃前哨戦　第三回総攻撃203高地戦

9月19日からの前哨戦では攻路先端より203高地頂上まで400m以上あったが、203高地戦では日本軍の塹壕は100m内に近接してきた。そして露軍側防禦塹壕とつながるのである。

指揮をとってわずか一時間二〇分でこの高地が占領されたなど、目が点になるであろう。

児玉の魔術でも何でもない。

それまでの第三軍の創意と労苦と不屈の敢闘精神を称えるべきなのだ。

この二〇三高地の児玉神話は、司馬さんが描いた全くの虚構であると胆に銘じたい。

第八章　旅順陥落とその後―乃木、伊地知に思いを馳せ

合言葉は「時間をかけても胸墻処理を」

司馬さんは、二〇三高地占領が突破口になり後は残敵掃蕩期に入り、全要塞が陥落したと軽く書いているが、とんでもない認識不足である。

まだ、東北方面の三大堅塁と本丸、望台が中心となって頑強に抵抗を続けており、完全制圧まで一ヵ月も死闘が続くのである。

二〇三高地占領後、実際にはすでにスクラップ化していた露艦隊は砲撃で止めをさされた。連合艦隊は後顧の憂いなく内地へ整備のため引き上げることができた。

陸軍側は海軍からのプレッシャーから解放された。

しかし、全旅順を陥落させねば、第三軍は使命を果したことにならない。

要塞を封鎖したまま北方へ転戦すると挟撃される可能性があり、かといっていつまでも牽制のため、兵力を張り付けることは許されない。

三回目の総攻撃もたった一日で頓挫した原因は、外壕通過後の胸墻[1]処理にあることは第六章

（1）胸墻（きょうしょう）…要塞の構造物をさらに防禦するため盛り上げた土。

でのべた。しかし現実は、二〇三高地占領時点では、処理どころか手つかずだったのだ。

井上参謀は愚痴る。

「外壕の通過法も完全に之を講し、僅かに胸墻を越へて塁内に突入するのみとなしたるに、遂に成功せさりしものにて、自らも亦失敗を納得する能はす」(井上幾太郎日記『長南編書』172頁)

井上の茫然自失ぶりがうかがわれる。

しかし、悄然自失ではない。

井上は「もう坑道を掘って胸墻を爆破するしかない」と直ちに理解した。この人物の頭の切り替えの速さには、日記を読む毎に感服せざるを得ない。

二〇三高地攻略が一段落した後、一二月七日、早くも第一、第九師団は松樹山及び二龍山に対し、胸墻下の坑道作業を開始した。(同日記)

第一一師団も東鶏冠山北堡塁の胸墻に、すでに作業をすすめている。

乃木も「多少ノ時日ヲ費スモ確実ナル方法ニ由リ努メテ我損害ヲ減シ且全力ヲ一点ニ集中シ……決心した」と『公刊戦史』にある。

大本営からの干渉を受けずに、乃木本来の合理的な戦いがやっと出来るようになった。

東鶏冠山北堡塁の戦闘

乃木は最後の決戦の最初に、東鶏冠山北堡塁（以後北堡塁）を選んだ。理由は単純。坑道掘削が一番進んでいたからである。

さかのぼること六日前（一二日）露軍のカリスマ的勇将コンドラチェンコ少将は、我が二八榴の直撃を受け戦死していた。この後、露軍の士気は急に落ちたことも我が方に幸いした。

一二月一八日　工兵は胸墻下坑道に約三トンの爆薬を仕込み爆発させた。

「爆煙並びに土石は冲天に上り、落下せる土石は附近三〇〇米の地面に達し、其凄壮なる光景云はん方なし」（井上幾太郎日記『長南編書』180頁）

写真8－1　攻撃正面より見た東鶏冠山北堡塁の胸墻爆破
（『日露戦争百年』靖国神社遊就館蔵）

約二メートルの破孔が開いた。

しかし、胸墻を突破されても、なお次の防衛線や射撃拠点を複合的に構築しているのが露式要塞の凄いところである。

その向こうの内庭には、第二胸墻（土嚢陣地）を築いており猛烈に抵抗した。

その奥の兵舎からも露兵は盛んに射撃していたが、絶対数が少なくなっており、逆に我が方は機関銃や軽砲まで持ち込み徐々に圧迫していった。

夜、ついに兵舎前に到達。兵舎内の伏兵（実際は数十人にしか過ぎなかったが）を恐れ、翌朝兵舎へ突入するともぬけの殻だった。

総攻撃開始より実に四ヵ月。幾多の将兵の血を吸った難攻不落の永久要塞の一角が、ここに崩れ落ちた。歴史に残る一瞬であった。

この戦闘で我が方の死傷者、参加兵力一、八二〇名中、八六五名、死傷率実に四七・五％。露側守備兵は一五〇名中九二名の戦死者をだした。

最後の最後まで敢闘するスラブ魂に驚嘆せざるを得ない。

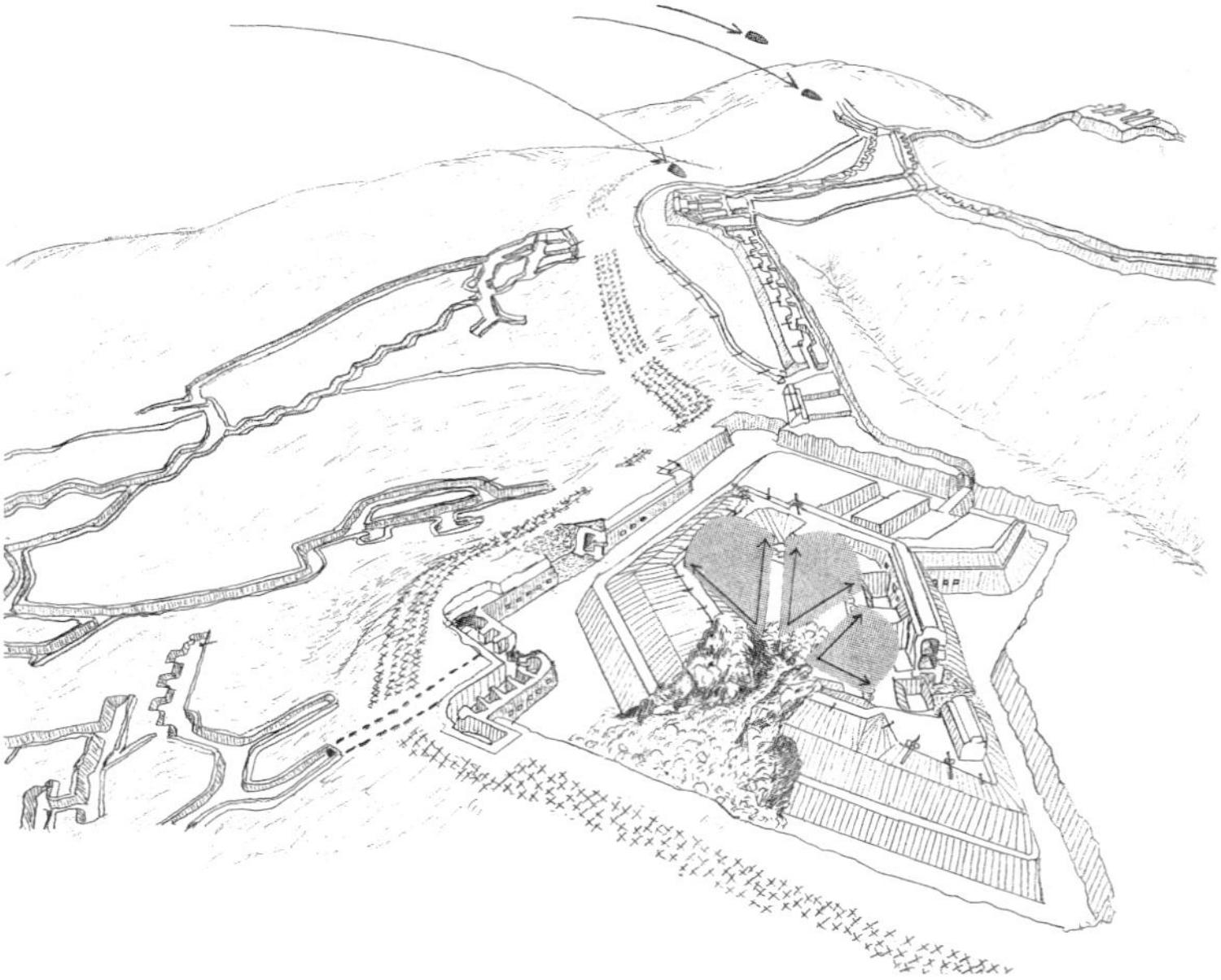

図8－1　203高地占領後　胸墻大爆破後　内庭制圧

12月18日　PM2:15　胸墻爆破
　　　　　PM5:30　機関銃陣地完成　制圧射撃開始
扇形部分は突撃隊の射撃を現わす。

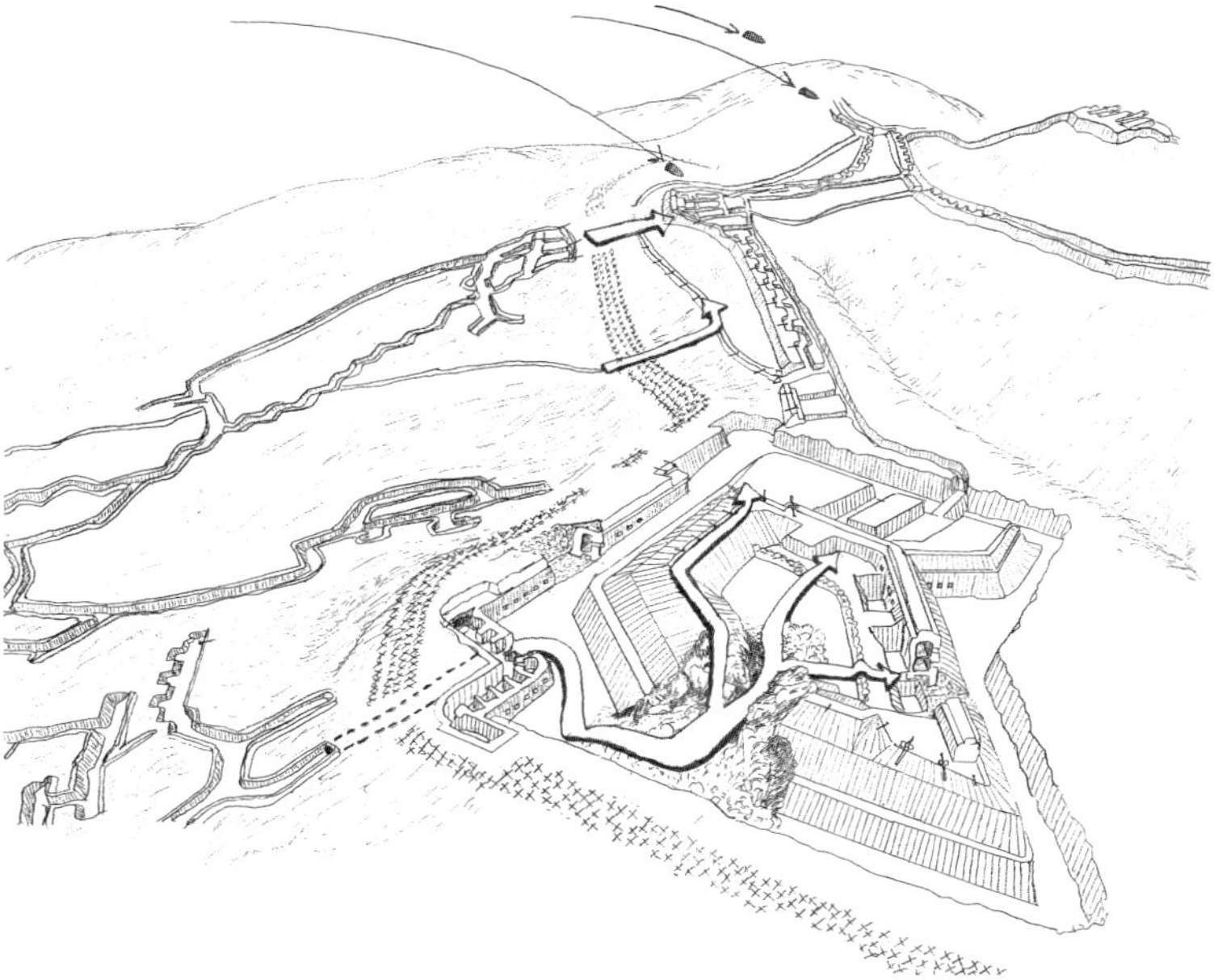

図8−2　東鶏冠山北堡塁占領

12月18日　PM 6:30　一斉突撃開始
　　　　　PM 10:20　第二胸墻制圧
　　　　　PM 11:50　咽頭部・兵舎を制圧

最終局面の攻防は、胸墻を川の堤防にたとえると、大雨の時一部が決壊し洪水が一挙に内部になだれ込むと考えれば理解しやすい。

写真8－2　占領直後の東鶏冠山北堡塁（近フォト蔵）

写真8－3　二龍山の胸墻爆破（近フォト蔵）

二龍山堡塁の戦闘

十日後、二八日に二龍山に攻撃が開始された。北堡塁と同様、胸墻下に計三トンの火薬を仕込み五条の坑道を一斉に爆発させた。

露側守兵三百名中半数が生き埋めになり、大きな爆破口があいたのは我が方にとっては幸運であった。

突撃隊が咽頭部に侵入、激しい戦闘が生じた。

二十九日、残敵掃蕩し完全に占領した。

三大堅塁の中で最大の二龍山だけに我が方の被害も大きく、参加兵力三、四八〇名中、死傷者一、一九〇名（三四・一％）にものぼった。

松樹山堡塁の戦闘

第一師団が一二月三一日、攻撃開始したが、ここでもすでに一七日より坑道戦になっていた。

前の二堡塁と同様、工兵が胸墻を大爆破し、突撃小隊が侵入、約二百人の露兵と戦闘になったがこれを制圧した。

戦闘規模が小さく我が軍の死傷者は、前二堡塁の時と比べ少なかった。

ここに東北正面三大堅塁は完全に占領され、本防衛線の一角は破られた。

望台占領と旅順開城

年が明けた明治三八年一月一日、第九師団歩兵三五連隊が、望台頂上西三〇メートルまで肉薄、第一一師団歩兵四三連隊が、頂上北三〇メートルの散兵壕で待機。

敵が手薄であるとの情報をもとに、一気呵成に攻め取ろうとの意見もあったが、乃木軍司令部は押しとどめ、各砲兵隊に準備砲撃を十分させた後、一挙に攻撃をかけついに占領した。

写真8－4　松樹山の胸墻爆破（近フォト蔵）

望台陥落によって、敵将ステッセル将軍はもはやこれまでと悟り、降伏を決心、水師営の会見と繋がっていくのである。

第三軍を正しく評価しない人達

近代要塞戦の経験のない我が軍が、少ない兵力と火力で、天然の険要に近代築城の粋を凝らした難攻不落の要塞を、わずか五ヵ月で陥としたことは世界史上驚くべき勝利である。

確かに五万九千余の死傷者を出したことは断腸の思いであるが、世界史的な目で見れば、例えば、クリミア戦争のセバストポーリ要塞戦、第一次大戦のヴェルダン要塞戦と比べても損害が少ない。

また、第三軍も戦闘ごとに進化し、柔軟な対応をしている。

写真8−5　望台山頂へ一斉攻撃（近フォト蔵）

一覧表にまとめる。

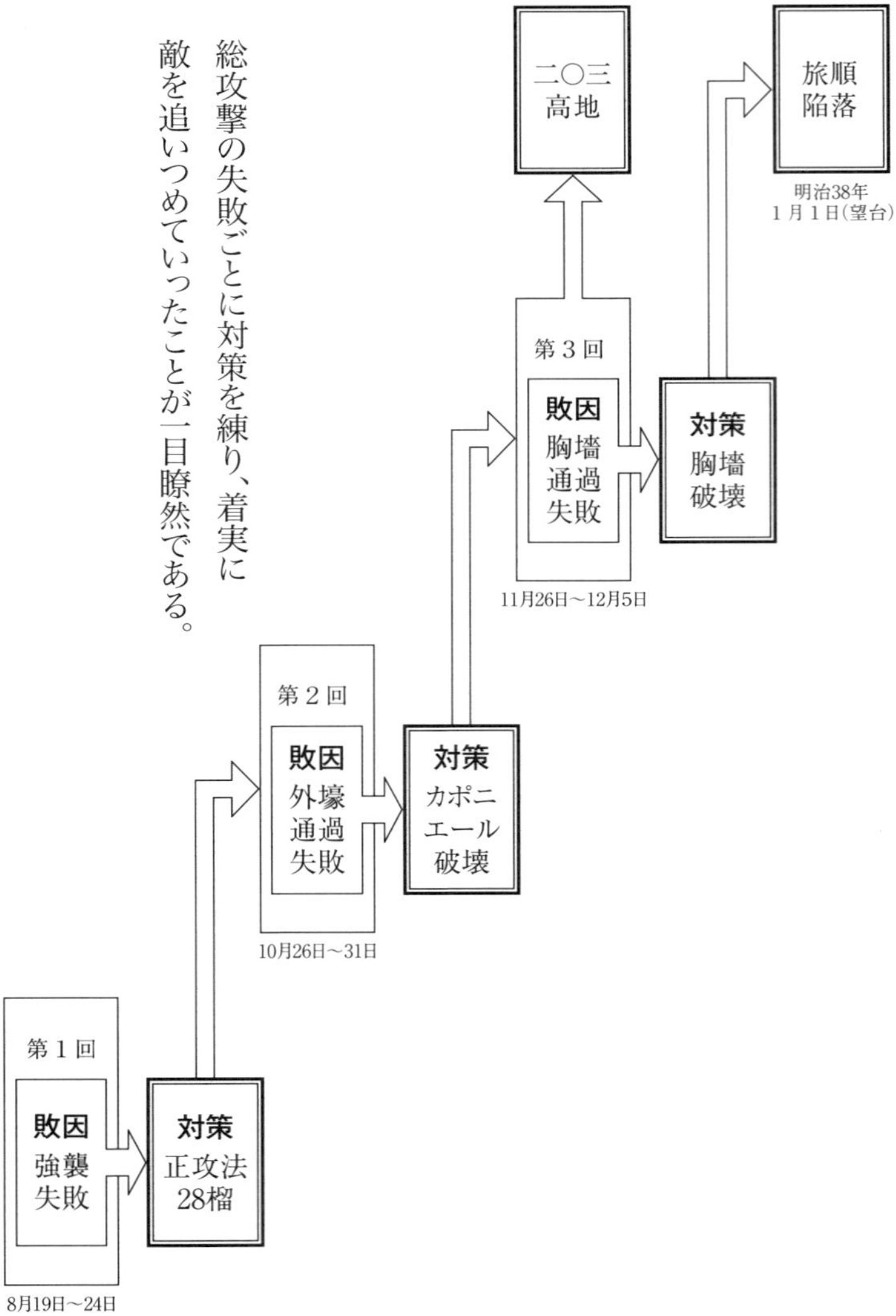

図8−3　旅順攻略作戦一覧図

総攻撃の失敗ごとに対策を練り、着実に敵を追いつめていったことが一目瞭然である。

写真8−6　占領直後の望台山頂（近フォト蔵）

何ゆえに、乃木軍司令部は無能と非難されなければならないのか。

私は二つの火元があると思っている。

一般大衆と陸大・参謀本部の軍人達である。


前者（一般大衆）は情報を知らされていない庶民で、あまりの損害の大きさに感情的に騒いだだけであり、根が浅いものである。

心無い人々は乃木邸に押しかけ、投石などの狼藉を行った。

静子夫人が人知れず伊勢神宮へ参拝し、斎戒沐浴のうえ「今度こそとらせたまえ」と祈願したのはこの頃のことである。

しかも日露戦勝利後は、凱旋将軍として褒めそやすのであるから、ポピュリズムの域を出ないものであるが、一般大衆は作戦など知りようがないのでやむを得ない面もある。


軍部でも乃木及びその幕僚を難詰する声が強くなっていった。

陸大卒の参謀本部閥に連なる軍人達が、乃木批判を展開し出したのだ。

しかし、大衆レベルの乃木非難と、いやしくも軍部というプロ集団の乃木非難とは、同じ非難とはいえその質において厳密に一線を引くべきである。

国家の命運を担う戦争のプロには、一般大衆のような情緒的判断からくる非難が許されるはずがない。

大本営—満洲軍—第三軍の縦の関係が、脳細胞と脳細胞を結ぶニューロン（神経線維）のように、瞬時に、意思の伝達ができれば、乃木達は誤解されずに済んだのだ。

なぜ第三軍は、「上部の満洲軍や大本営の言うことを聞かない」という虚構が生まれたのであろうか。

乃木無能論の発信源は参謀本部

参謀本部とは何か。簡単に説明すると、もともとは陸軍の中の作戦担当部門が、経理経営部門の陸軍省から独立したものである。

ドイツ参謀本部が陸軍省と別組織であることを手本としたものであるが、後には絶大な権力を握り、昭和期には政治を左右する悪弊を生む。

参謀本部の人的供給源が陸大であり、ゆえに陸大の人間関係を分析すると、参謀本部がなぜアンチ乃木・伊地知に凝り固まるかがわかってくる。

陸大誕生

陸大は明治一五年創設、一期生は一六年入学、同期十名。初代校長は児玉源太郎で一期のなかに井口省吾、長岡外史がいる。

士官のなかで難関の選抜試験を合格した者だけが入れる参謀養成校だ。

学生はエリート意識が強く、ことに明治一八年、ドイツよりメッケル少佐を教官として招聘してから益々、プライドは鼻持ちならないものになっていた。

ところが陸軍士官学校で井口、長岡と同期(旧二期)の田村怡与造(後の参謀次長)、伊地知幸介、豊島陽蔵(後の第三軍砲兵部長)らは入学していない。

陸大卒業生を歯牙《しが》にもかけなかった伊地知の矜持

伊地知は陸士卒業後、さっさとフランス・ドイツに留学、田村も少し遅れてドイツに行く。

両名共、日清戦争に間に合うように帰国、それぞれ出征した。

日清戦後、彼らは参謀本部第一部長の要職に順番に就いている。彼らはまさに超スピード出世を競っており、良きライバルといえた。

又、二人とも、陸大など出ていなくても、自らの実力を以てすれば、他が放っておくはずがないという強烈な自負を持っていたに違いない。

彼らの異例の出世に、自慢は陸大卒とメッケルの直弟子だけの井口、長岡には、羨望と嫉妬は無かったであろうか。

そのような文献が有るはずもないが、深層心理には有ってもおかしくない。

陸大の異様さ

陸大へは陸士卒業成績が上位二十番以内の者が受験資格があり、しかも難関だ。

陸大卒業生上位六名は天皇より恩賜の軍刀を拝受し、天皇に御前講義をする栄誉が与えられた。

恩賜の軍刀組でなくても、卒業生は全員「天保銭」と呼ばれる卒業徽章を授与され、胸に飾るのが彼らの自負心をこよなく満足させたことであろう。

ちなみに天保銭徽章は明治天皇自らデザインされたといわれ、江戸時代の天保年間に作られた銅銭に似ているのでこの名がついたという。

「天保銭組」は将官まで栄達を約束されたエリート。持っていない者は「無天」と呼ばれ佐官級で退職になるのが常であった。

陸軍将校の中へ、学歴による二段階のヒエラルキー（身分制度）を持ち込むのは士気の面でも健全ではない。

昭和十一年、天保銭徽章は廃止になったが、陸大卒業生の超エリート意識は精神面で引き継がれ、後年、我が国の政治に多大な害悪を与えることになるが、その選民意識の嚆矢《こうし》は、井口、長岡達といえよう。


現代では陸大の異様さはピンとこないが、あえて学校の中の二重構造でいうならば、大学卒と大学院卒との関係であろうか。

しかし院卒の方が世の中万事において優遇されていることは有り得ないので、やはり陸大は説明し難い異様な組織なのだ。

何が何でも乃木、伊地知をコントロールしたい長岡

第一回総攻撃前、長岡は西方面を大迂回し市街へ突入する奇襲を発案、第三軍がこの意見を取り入れるよう親友井口を説得に派遣したが、相手にされなかったことは前述した。

これに懲りず、彼は何と三回も満洲軍、第三軍の東北正面主攻を覆そうと画策したことは第七章で述べた。

見方を変えれば、これほど、戦争指導の中枢の参謀本部を無視する現地軍は珍しい。

実力は伴わないがプライドだけは人一倍強い参謀次長長岡らは、腹の煮えくり返る思いであっただろう。

しかし満洲軍、第三軍は自らの考えに絶対的自信があるからこそ、参謀本部の政治家集団を一顧だにしなかったのである。

とうとう具体化した乃木更迭論

乾坤一擲の二〇三高地戦が始まった一一月二七日から二日後、第三軍が、最後の力をふりしぼり、着実に敢闘を続けるなか、満洲軍参謀井口省吾は、盟友、長岡外史参謀次長に次のような信じられない書簡を送るのである。

長南正義氏の研究によると、乃木更迭論が一次史料から確認できる最古の時点は、一一月二九日のこの手紙である。（『長南編書』708頁～）

「旅順の始末付たる後に於ける第三軍の処置に付いては来意の如くにて可然、総参謀長（児玉のこと）に於いても御同感に候。即ち、第三の司令は本国へ帰還せしめ復員解散せしめ、北方の為には新に一司令部を起す方、宜敷かるべし」（長岡外史関係文書　書簡・書類篇）

すなわち旅順陥落後、乃木軍司令部を総入れ替え（更迭）し、新しい人選まで考えているのである。しかも何と、児玉総参謀長も同意していると書いている。

現に井口は一二月二二日、一旦帰国し、翌年一月八日まで山縣参謀総長と協議している。現地では第三軍は力の限り奮闘し、東北正面三堅塁を抜き、ついに望台を一月一日に占領した頃である。

この時期、北方の沙河方面での決戦に備え、各軍の配置転換を早急に講ずる時である。大打撃を受けた第三軍を休養、補給せしめ、戦い慣れている同じ司令部のもと再編し、北方へ進軍させねばならぬ時に、人事の件で（それだけではないであろうが）わざわざ東京に帰るとは、他にすることはないのであろうか。

よほど井口は、乃木、伊地知に指揮をさせたくないらしい。

そこにあるのは、限りない不信か、果てしない遺恨か、意趣を何としても返すという情念か。

もう一人の参謀松川敏胤　乃木更迭を防ぐ

旅順陥落の翌日、満洲軍総司令部で乃木司令部更迭を決心していた児玉は、大本営に送るその旨の電文案を田中義一参謀に書かせた。

児玉が電文に署名する寸前、たまたま居合わせた松川が気づき、慌てて止めさせた。「第三軍司令部復員のことは予て承知すと雖、これ陥落以前の問題に属し、今これをなすは禍根を後世に残すものなり」と松川は児玉を説得し、電文を次のように変えたという。

「第三軍の行動今は奏功せり。而して奏功軍に恥をかかすは不要のことなり。故に、第三軍参謀長（伊地知のこと）を整理委員（更迭要員のこと）となすことに決し、之を総参謀長より大本営に電報し、大本営より直接公式に第三軍司令官に協議せしむるを最良策とす」（谷戦史）

松川は乃木軍がとにかく勝利をおさめたと、公平に評価している。にもかかわらず更迭問題を出すなど、筋が通らないと反対した。しごく真っ当な意見だけに、井口の異様な執拗さが際立ってくる。

話を少し昭和に脱線させる。

大東亜戦争では、陸海軍の上層部は自己保全を第一とする官僚組織に成り下がっていた。海軍は、有名なミッドウエー敗戦、トラック大空襲、海軍乙事件（機密書類紛失事件）や惨めなレイテ沖海戦など信じられない失敗を重ねてきたが、上層部は庇い合い誰一人責任を取らなかった。

陸軍もインパール作戦立案の参謀連も責任をとらず、正論を吐き退却した師団長を予備役にするなど一貫性がまるで見られない。

米軍と違ってリーダーの信賞必罰が全くないのだ。

明治の陸軍も、この旅順攻略戦で危うく信賞必罰を踏み外すところであった。かろうじて良識が人事の暴走を止めたのだ。

勝ち戦の功労軍人を個人的な恣意で処断するなど論外であり、もし、実行されていたら目に見えて士気は落ちて行っただろう。

児玉は乃木を本当に更迭したかったのか

そもそも二〇三高地戦で、なぜ児玉は煙台（総司令部所在地）から駆けつけたのか。作戦指導をするような大袈裟なものではないと前述した。

第三回総攻撃にあたり、乃木は明治天皇より勅語を賜っている。失敗すれば古武士の乃木の美学からすれば、自決しかない。

長州藩士時代からの親友の心がわからぬ児玉ではない。

その最悪の事態を止めに来たのではないのか。

しかるに旅順を陥とした後、多大な犠牲をはらったという理由で乃木を更迭したら、この盟友は、慚鬼のあまり自決するだろう。

このことが児玉の脳裏に浮かばなかったか。

児玉も総参謀長という立場にありながら、第三軍の実績を正しく見ていないのだ。

彼が、普賢菩薩、文殊菩薩と車の両輪のごとく重宝している二人の参謀（井口と松川）の声の強い方になびき、逆の声あれば慌てて、軌道修正を図る児玉の姿が浮かぶようで

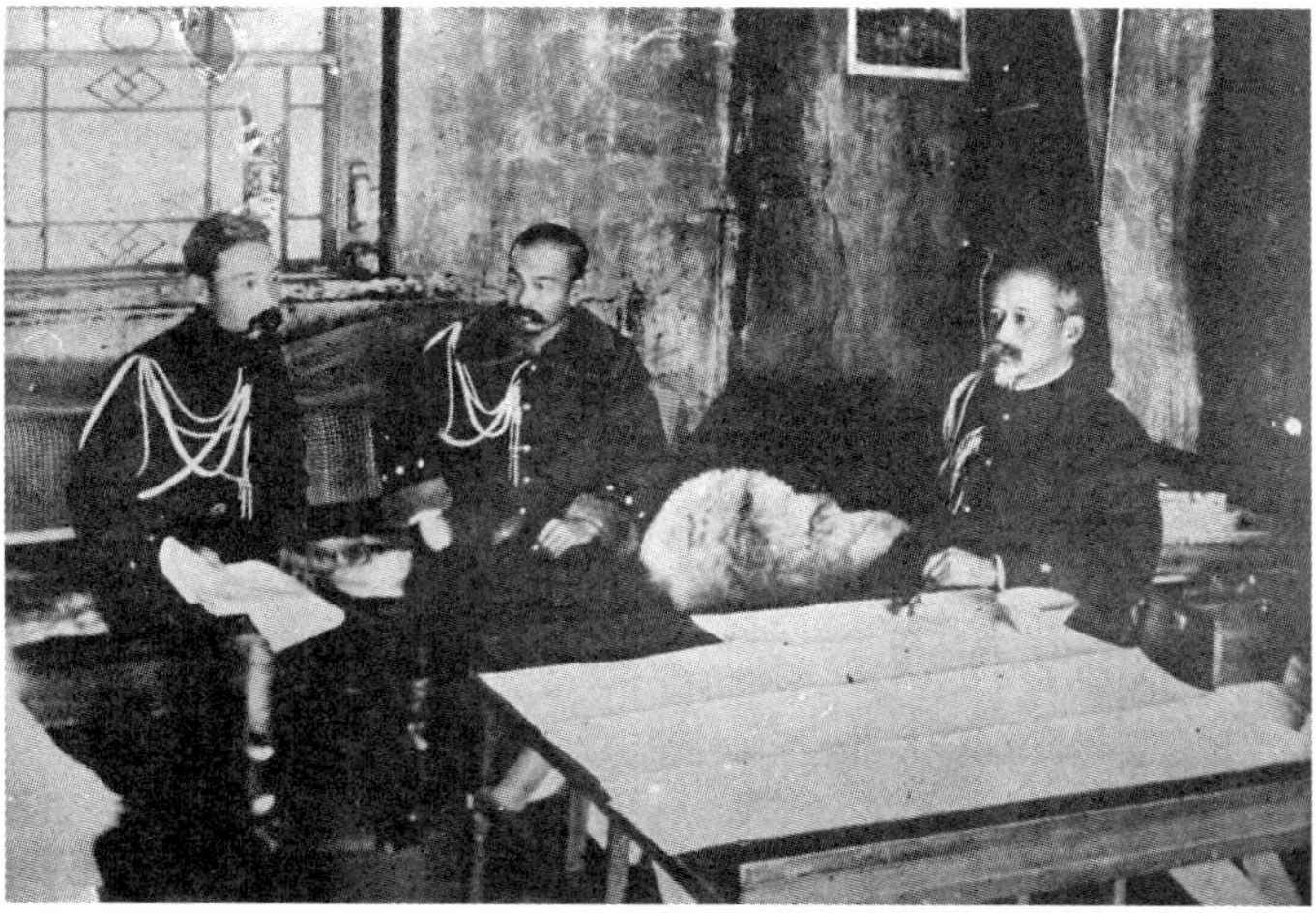

写真8－7　児玉の普賢・文殊両菩薩こと松川（左）と井口（中央）　満洲軍総司令部にて（近フォト蔵）

ある。

やはり彼は調整型の天才に過ぎないのだ。

もう、そろそろ天賦の閃きを電光石火に行動に移すという、司馬さん創作の児玉像から卒業すべき時にきている。

詰め腹…「胸をはって新任務につかれよ」

陸軍上層部の溜り溜った第三軍批判に対し、伊地知参謀長が責任をとらされた。

直木賞作家、古川薫氏の乃木と児玉を描いた名作『斜陽に立つ』(毎日新聞社)に第四章「哀れ断腸の人」がある。乃木と伊地知の会話を録音した人がいるわけがない中で、古川氏は二人の会話を類推して書いている。

二人の関係からいって、当然であると万人が納得するであろう一文である。このような説得力あるのが、本当の歴史小説だと私は思う。

これほど二人の関係を美しく語りかける名文を私は知らない。

この章の締めくくりとして、全文を引用させていただく。

「結局、伊地知参謀長が解任され、新たに編成された旅順要塞司令部の司令官に任命された。

陥落した要塞を守る閑職である。

自分の処遇に対する内心の怒りはあっただろうが、無口に耐えている様子に薩摩隼人の気概がにじんだ。

いかなるときも決して不満を口にしない希典とは逆に、伊地知は旅順攻撃のさい北の戦闘に備えると称して、苦戦する第三軍にわずかしか砲弾を渡されないことに腹を立て、その不公平を遠慮なく言いつのった。

彼が長岡や井口から憎まれた一因はそれである。

伊地知幸介の剛直な性格が総司令部や大本営の参謀達との対立をまねいたのはたしかだが、第三軍の作戦が拙劣であったという批判には、多分に感情的なものが作用している。

去っていく伊地知に希典は叫ぶかのような声をかけた。

「胸をはって新任務につかれよ」

それしか言ってやれない自分をひどく責めながら、希典はじっと相手の顔を覗き込むようにした。

伊地知を信じてすべてを任せたことを、悔いる気持ちは微塵もなかったし、彼の参謀長としての判断は正しかったと今も確信している。

理不尽ともいえるこのたびの人事に、敢えて異議をはさまなかったのは、現在自分が置かれている立場からもそれが無駄な努力であり、余分に伊地知を傷つけるであろうことを虞れたからにほかならない。彼もそれを理解してくれているはずである。

『閣下のもとで旅順を戦ったことを誇りとします』

明るい声で伊地知は言ったが、後ろ姿を見送る希典の目に、その足取りは心なしか重そうだった。」（古川薫著『斜陽に立つ』毎日新聞社）

大山総司令官発信の伝文に疑問

ところで『坂の上の雲』では旅順攻囲軍の司令部は、第一線から遠すぎるという批判のオンパレードである。

遠すぎるから正確な情報が入ってこないというのだ。

さらに司馬さんは話をエスカレートさせて、乃木は柳樹房以外で寝たことがない、だの、伊地知は若い参謀達に前線に行かずに司令部で参謀の仕事をやるべし、と言ったなどの暴論に発展させている。

要するにこのことも、乃木批判のタネ本をさらに強調した結果であろうが、『名将乃木希典』の中で、桑原嶽氏は総司令部から第三軍宛の面白い電文を紹介している。

二〇三高地戦で我が軍最後の予備兵力の第七師団が大損害をだした翌日（十二月一日）のことである。

発信は大山総司令官とある。

（一）略

（二）高等司令部予備隊の位置遠きに過ぎ、ために敵の逆襲に対し救済するの時機を逸すること。

（三）明朝の攻撃には、各高等司令部親しく適当な位置に進み必ず自らの地形と時機とを観察し成功機会を逸せず……

と内容は愚にもならぬ督励電だ。

現場では何を今さらという気になるであろう。

二〇三高地戦のため、軍司令部は第一、第七師団両司令部と合同で高崎山に詰めている。敵陣との直線距離わずか二・九キロ、これ以上どう近づけと言うのだ。逆に総司令部が配下の乃木軍の情報を何も把握していない逆証明ではないか。

この電文を本当に大山総司令官が発したのかというのが桑原氏の推理だ。

氏はこの電文の発信日時に注目する。

発信は十二月一日。

十一月二九日夜八時、児玉が総司令部のある煙台を旅順に向けて出発したので、この電文は児玉が総司令部にいないときの発信だ。

『今村均回顧録』でも明らかなように、大山は乃木に絶対的な信頼をおいているので、このような重箱の隅をつつくような電文を打ったのは大山とは考えられない。

では誰か。

福島参謀はすでに旅順でお目付け役をしている。

残りは井口省吾か、松川敏胤だ。

このうちどちらが反乃木、反伊地知感情を持っているかと言えば当然井口であろう。

しかも松川より先任だ。

従って氏は、井口が総司令官の名を借り独断で発信したと類推しているが、もし本当であれば偽造電信なので大変なことである。

今まで陸大卒参謀の独断専行のエピソードを数多く紹介してきたが、この電信も井口の偏執的性格から考えると、さもありなんと思われるのである。

その後の柳樹房司令部

ちなみに、柳樹房司令部の建物は大正四年、乃木将軍を敬愛してやまない京阪電鉄取締役村野山人氏が私財をはたいて、持ち主の農業、周玉徳、周金夫妻より購入し、京都乃木神社の境内に移築された。

満洲地方特有の石壁の小さな平屋だ。水師営会見所とよく似ている。

シナ側の資料には「強引に占領した中国人の住宅を日本京都の桃山に移した」（神秘的旅順）とされているが、これも数多い中共のプロパガンダの一つなので気に留めることもない。

建物は、屋根をふき替え内部を改造してあり、当時の趣は皆無である。

写真8－8　京都乃木神社に移設された第三軍司令部

しかしこのような狭い所に、作戦中多くの参謀達がカン詰めになり事務仕事だけをしていたとは考えにくい。

ここを拠点に、乃木・伊地知を筆頭に各最前線に足を運んでいたと考えるのが自然であろう。

室内案内板に「この家屋に勤務したものとしては特別の感慨がある」と言う旨の伊地知幸介の一文が掲げてある。

この移築より二年後、体調がすぐれなかった伊地知幸介はこの世を去った。享年六十二歳。

伊地知はいつも同期のトップをきって昇進し続けた。

明治三九年七月六日、中将に進級。

戦争中伊地知をさんざん罵倒し、足を引っ張った同期生の井口や長岡は、彼より三年も遅れて中将になった。

その後、第十一師団長になったが二年後病気のため職を退き、大正二年一月一五日予備役に編入された。

『井上幾太郎日記』では、喘息のため呼気烈しく斜面登攀で息切れがし、『坂の上の雲』では司令部の柳樹房に児玉が来たとき、持病の神経痛でベッドより起き上がれなかったとある。

神経痛は生命予後に関係ないので、やはり重症の気管支喘息をはじめとする呼吸器疾患が余命に影響を与えたのか。

現代の医学では十分コントロールできる疾患だけに、まったく惜しい気がする。

典型的薩摩隼人の伊地知幸介

惜しいかな病気ゆえ、伊地知は陸軍の最高位である大将にはなれなかった。彼の墓石には陸軍中将との階級名すらない。代わりに男爵と誇らしく刻んである。これは自身の遺言か否か、誰も知らない。

数少ない伊地知関係文書に『鶏林日誌』という彼自身の日誌が存在することがわかった（防衛省防衛研究所蔵）。歴史家長南政義氏の解読によると、日露開戦直前独立国であった韓国で、いかに国際問題を起こさず、先手を打って我が軍を上陸させるかの謀略に成功したと『坂の上の雲　五つの疑問』にある。

爵位はこの偉業を称えて与えられたものであり、司馬さんの「……旅順であれほどの失策をかさねつづけたにもかかわらず、戦後男爵になった。藩閥のおかげであった」(『坂の上の雲』旅順)との見解を一蹴している。

『鶏林日誌』は特別任務を命ぜられた伊地知幸介が、開戦直前の明治三十七年一月二十二日、駐韓公使館附武官に任ぜられ京城に赴任してからの約二ヵ月間の日誌である。

遺族が防衛研究所図書館に寄贈されたものであるが、遺族の希望からか実物を閲覧できずコピーの読解となった。

同図書館では、普通は資料の写真コピーは許されている。しかし、コピーである『鶏林日誌』を更にコピーすることは許されず筆写するしかない。

満洲軍総司令部へ横滑りする前の大山参謀総長と児玉次長宛の簡潔な日誌形式になっているが、実に驚く事実が多い。

当時、一応独立国であった韓国国王になんと一時間半も謁見し「国王ノ言語態度ヲ観察スルニ未ダ全ク我ニ信頼スルノ真意断ジテ無シ、王ヲ廃シテ全然我領土トスルカ少クモ軍事外交財政ノ三権ヲ我奮有シテ保護ノ實ヲ挙グルノ準備必要ナリ」

とあるからかなり強く日韓議定書（対露戦において絶対必要）の締結を迫ったのであろう。

調印反対派の大蔵大臣　李　容翊を一計を案じ日本へ送り出した後調印成ったとある。

また、日本軍が京城進出後、露国公使、館員、護衛兵　総計八十四名を保護しフランス軍艦に送り届ける際に「公使ハ本職ニ対シ斯ナル不幸ノ離別ヲ悲シミ速ヤカニ平和克復後ニ於ケル再開ヲ希望シ我ガ重厚ナル厚意ヲ謝セリ」とある。

敵国人からも感謝されるとは、伊地知もなかなかの策士である。また、欧米列強の心証を良くするため、仁川海戦で沈めた「ワリヤーク」「コレーツ」の生存者は直ちにフランス軍艦を使い上海へ送り、負傷者は仁川赤十字社で看護を受けさせている。

その他、緒戦時の韓国での工作は枚挙にいとまがない程書かれているが紙数の関係で省略する。

純粋の覚書であり、自己PRのものでないので信頼性のある資料である。

事実だけを淡々と記してあり、自分を飾りたてるような美文でないところが伊地知らしい。

一方、歴史家桑原嶽氏は、伊地知の爵位を純粋に旅順陥落の手柄のためとし、旅順要塞司令官就任は彼の国際感覚豊かな外交手腕を期待したものとしている（『名将乃木希典』）。

しかし前述の満洲軍総司令部から大本営に宛てた電文「伊地知に詰め腹を切らせる」という案が採択されているので少し考えにくいのではないか。

もっとも第三軍参謀長辞任、要塞司令官就任と将来の爵位授与確約とのバーター取引の可能性も無いわけではないが、誇り高い剛直の人伊地知幸介がのむはずがない。

桑原嶽氏によると、日露戦争中の第一軍～第四軍、鴨緑江軍の全五軍の参謀長は全部で九人であり、男爵を授与されたのは伊地知と第四軍の上原勇作少将（後の元帥）の二人だけ、何十人といる少将クラスの中でもこの二人だけという（『名将乃木希典』）。

藩閥出身者がほとんど占める当時の陸軍において、司馬さんが言うように「藩閥の寵児でありさえすれば皆が誰でも爵位をもらえる戦勝国特有の総花式」というほど栄典は堕落していない。

爵位にこだわるようであるが、もう少し研究が必要である。

伊地知の気持ちを忖度すると、敬愛する乃木とずっと一緒に転戦し、晴れて一緒に日本へ凱旋したかったのではないかと思うのである。


伊地知は自己アピールを潔しとしない、典型的な薩摩隼人であった。

薩摩藩には「義をするな」（弁解するな）との伝統がある。


自分にふりかかったいわれなき中傷をも、ぐっと呑み込んだ伊地知幸介においては、陸軍の階級など、もはやどうでもよかったのではないか。

死に臨んで、緒戦を有利に導いた功績を正当に称えてくれる爵位だけで満足だったのではないか。

彼の墓石を見つめてしみじみ思うのである。

写真8－9　青山霊園の伊地知幸介墓

第九章　機密日露戦史いわゆる『谷戦史』の深い闇

日露戦争史の原典ともいうべき一次資料の問題点

『坂の上の雲』のような大河ドラマ的超大作は、資料の収集から大変な労力を要する。資料は後になって書かれたものも多く、著者の思い込み、勘違い、記憶薄れもある。なにより、編者、著者の気持ちにバイアス（思い込み、偏見）がかかることが問題である。

この章では日露戦争史の原典ともいうべき一次資料の問題点を考えてみたい。

公刊戦史

もともと陸軍の公的な戦史はいろいろあるが、参謀本部編『明治三七・八年日露戦史』が最も有名である。「公刊戦史」ともよばれる。

しかし、公式記録だけに内容は正確ではあるが、都合の悪い個所の表現はキレイ事に変えたり、サラッと流したりしている。例えば、歴史年表は正確ではあるが、それ自体面白みがないように、公刊戦史に味もそっけもない。

司馬さんは「紙屑同然の愚書」とこき下ろしているが、確かにスリリングな内容はない。公式戦史の「キレイ事」の裏を読み取る力があれば面白くなるのであろうが、当事者でもない現代人は、よほどの碩学でなければ難しい。

機密日露戦史

もう一つの有名な一次資料は、谷寿夫著『機密日露戦史』いわゆる『谷戦史』である。

こちらの方は、昭和四一年原書房より復刊され、今では誰も読むことが可能だ。

とは言え、昔は大変な軍事機密であった。

この本は、大正一四年、陸大専攻科学生用の講義録として書かれたもので、門外不出、陸大の金庫で大切に保管されていたという。

著者は陸大教官谷寿夫大佐、書いた目的は日露戦争に関し、文章として残っていない戦術上の決心やエピソードを、学生の生きた教材として活用するためである。

存命中の歴戦の将官を訪問して得られたインタビュー集と考えればよい。

もちろん、インタビューを受けた人物の主観と偏見は当然入る。

だからこそ面白いのだ。

谷大佐は、色々な人たちの回想をできるだけ正確に記録したと思われる。

しかし、こと旅順攻略戦に関しては、バイアスがかかっていると指摘されても仕方ないであろう。なぜなら、第三軍参謀長伊地知幸介と犬猿の仲の長岡、井口の書簡が大部分を占め、その他は、反乃木感情を露骨に表す者達の記述が殆んどだからだ。
現場の伊地知参謀長、大庭、白井、津野田各参謀の声をあえて掲載していない。旅順戦の当事者を、作為的に排除することはどういうことであろうか。

旧陸軍出身の歴史家桑原嶽氏は、日露戦後陸大校長になった井口省吾が、『谷戦史』に多大な影響を与えたと推論する（『名将乃木希典』）。

井口は明治三九年から六年半、校長を務めるが、谷自身は明治四二年入学、井口の教育を受けている。

谷ら学生達は、日露戦争の歴戦の参謀　井口校長の弁舌爽やかな、武勇伝、体験談、裏話に畏敬の念を持って拝聴したに違いない。

いや、言葉を変えれば、洗脳を受けたかも知れないのである。

いったい井口校長とはどのような人物であろうか。

メッケル学風に毒された井口

陸大一期の井口、長岡、三期の松川は、教官としてドイツより招かれたメッケルに、限りない敬愛を抱き、生涯にわたって直弟子であったことを誇りにし続けた。
特に井口は陸大校長時代、メッケルの胸像を校舎の玄関前に置き、日々懐旧の念を吐露するあまり、海軍の長老山本権兵衛から「外人士官が一番か」と冷やかされたという。
井口を論じる前に、メッケルのことを簡単に述べておかねばならない。

明治十七年、大山陸軍卿（大臣）は、晋仏戦争で勝利したドイツの軍制を導入するため、親フランス派を押え欧州視察に旅立った。
ドイツで大山は、セレンドルフ陸相に陸大指導教官の人選を依頼した。セレンドルフはゴルツ大尉を考え、モルトケ参謀総長に相談したが、彼はこれを却下、代わりにメッケル少佐を推薦した。

メッケルもモルトケの高弟であったが、ゴルツこそモルトケ流軍事理論の後継者であり、モルトケ～シュリーフェン～ゴルツという流れがすでに出来ていたからである。

それと当時のドイツは、後に第一次大戦のもとになる三B政策（ベルリン～バクダット～ビザンチン）を進めており、トルコと親密な関係であった。トルコ陸軍再建のため、メッケルよりも評価の高いドイツ陸軍の至宝　ゴルツをトルコに送ることにしたのである。

歴史家別宮暖朗氏は、メッケル個人にも厳しい目を向ける。

すなわち彼は、せいぜい一個師団を動かす程度の戦術家に過ぎず、当時の我が国が必要としていた「体系的軍事理論・戦略」を伝授する人物ではなかったという。

メッケル教育でよく引き合いに出される参謀研修旅行にしても、現地の地勢をもとに、部隊をどう展開するかの戦術論に偏っており、補給、増援、遠隔地の友軍との連携、失敗時の撤退、後方の兵站基地整備など考慮されておらず、とても大平原での大野戦に応用できるものではなかった。

このメッケル教育の欠陥が、旅順陥落後、満洲平原での日露大野戦の局面に現れ、我が軍は大いに苦戦したというのである。（『帝国陸軍の栄光と転落』別宮暖朗）

陸大校長を二回務めた飯村穣は、次のように述べている。

「(メッケルは) 一つの弊風をわが陸軍、とくに陸大教育にのこしたのではないかと思っている。それは白を黒と言いくるめる議論達者であることを意志強固なりとして推奨したのではないかということである」。（『兵術随想』今日の問題社）

メッケルは、ドイツ参謀本部の負の部分も持ち込んだのである。

このメッケルの薫陶を受け、後に陸大校長になる井口省吾の興味あるエピソードがある。

井口が参謀本部部長の時の話である。

井口の私邸を工事した大工が、土を門前に置きっぱなしにしていた。当然交通の邪魔になるが、井口は土の上に「大工がしたことで自分は責任がない」との高札を立てたというのである。

このことを当時の週刊誌（『征露戦報第二十四号』実業之日本社）は簡略ながら次のように暴露している。


「井口少将は理屈の堅塁なり。理数を以て立つ参謀本部内に於いてさへ、理屈家の異名あり。理屈ならば、如何なる人と対抗するも、必ず敵を圧伏す。少将は理屈に於いて実に難攻不落也。少将は如何なる人をも畏敬せしむ。（中略）其の口吻甚だ弁護士に似たるものにあらずや。……」


まるで自己保身と矜持の権化ではないか。

もっとも、当時も今も、オモシロ週刊誌には有名人はご用心。井口少将も気の毒であったが、エピソードとしては笑ってしまう話である。

このような人物と剛直を持ってなる伊地知幸介とが肌が合うはずがない。

旅順要塞の攻撃正面をめぐって、がっぷり四つに対立し、殴り合い寸前にまで行ったのである。第三軍を督戦する立場の井口としては面白いはずがない。時間と共に乃木軍司令部に対し、ネガティブな感情を増幅させていったに違いない。

傲岸不遜のメッケル門下生

別宮氏はさらに陸大出の参謀の思い上がりを指摘する。（『帝国陸軍の栄光と転落』）

開戦直後にさかのぼるが、第二軍の上陸地点が議論百出でなかなか決定できなかった。首相の桂太郎と山縣参謀総長が、満洲軍参謀の松川敏胤に上陸地点を聞いた。松川は「第一軍輸送の時、常陸丸がウラジオ艦隊に急襲を受けたこともあり、口の軽い政治家（桂）には話せぬ」と拒否。

一方宇品港（広島）に輸送船が集結した時、井口省吾は、第一師団長伏見宮貞愛親王にやはり上陸地点を尋ねられた。

「ご乗船になればわかります」と答えたという。

松川、井口ともぎりぎりまで上陸地を隠匿したため、大混乱をきたし上陸完了が十二日も遅れたという。

「小役人ほど、自分の与えられた小さな権限を振り回し、周知せねばならないことを隠し、寸前に明かして虚勢を貼りたがる」と別宮氏は結んでいるが、現代の世の中にも通じる至言である。

このような井口校長に薫陶を受けた谷寿夫のことである。彼がいわゆる『谷戦史』を編んだとき、井口の乃木司令部に対する、偏見、冷笑、侮蔑、嫌悪感などが谷に影響しないはずがない。

いや、それ以降も長きにわたって、井口のネガティブな感情が、陸大教官や学生を洗脳し続けるのである。

訂正されるチャンスがあった『谷戦史』

谷陸大教官が『機密日露戦史』を編纂中のことである。

谷は、上原勇作元帥（当時第四軍参謀長）の副官であった今村均（後の大東亜戦争では第八方面軍司令官）に取材に行った。

「いま、旅順攻略戦のところを調べている。その作戦の真相と乃木将軍の真価を知りたい。

攻撃ごとに、死屍累々の屍を見て大きく心が痛み、不眠症、神経衰弱になられた。伊地知参謀長任せにしているのも問題だ。

第三軍司令部総更迭が一番だが、そうもいかないので、満洲軍総参謀長の児玉大将が大山総司令官の名代として出向き、督戦の上旅順を落とした。

乃木将軍ではなく、実際は児玉大将が攻略したと、上の将軍達の秘話としてある。しかし、そのまま書くのは気がとめるので、真相はどうか、上原元帥の意見はどうか、聞いてほしい」と、今村に頼んだ。

……上の将軍とはだれであろうか。

谷から依頼を受けた今村は、元帥の私邸に行きその質問をした。

上原元帥は答えた。

「乃木さんの神経衰弱は話として聞いている。砲弾の補充のないなか、だれが乃木さんと代わっても（神経衰弱に）なるだろう。しかし、あの難局下で、第三軍将兵全員の尊敬と信頼を受け得る人は、神経衰弱でも乃木さん以外にないと見貫いていた大山さんはさすがだ。最後まで乃木さんにまかせきり、旅順は落ちた。

旅順は児玉さんでなく、名実ともに乃木将軍が落としたのだ。谷大佐にそう伝えよ」

じっと傾聴していた今村は自分の推量通りだったので「うれしく感銘した」と、『今村均大将回想録』にある。

編集者谷自身も、上の将軍達の底意地の悪い「乃木神経衰弱説」や「児玉交代説」に疑問を持つからこそ、今村に聞きに行ったのだ。

しかし、**上原元帥の証言は谷戦史に載ることはなかった**。上の将軍達から谷に圧力がかかったのであろうか。

ますます浅薄になる『谷戦史』第三回総攻撃直前の司令部はノイローゼか

『坂の上の雲』でもこの頃の乃木軍司令部は意気消沈、とても戦闘集団のトップではないと描写している。

乃木司令官の「神経衰弱」、伊地知参謀長の「悄然」は、第三者が二人の表情を観察した印象であろう。作戦の本質と全く関係ないことである。

こんな心証的なことが客観性と合理性を求められる陸大教科書に採用されることが驚きである。この悪意を込めた心証の主はわかっている。

『谷戦史』には、大沢界雄参謀本部第三部長が、一一月二五日、司令部到着とある。二五日、この日付けが大切である。

大沢は、乃木司令官が「三日三晩一睡もしていない」だの「指揮権は誰にでも譲る」だの「（譲ったとしても）誰も名案はないだろう」とこぼし、あたかも抑うつ状態のように回顧している。

あらためて二十五日は何の日か。総攻撃の前日である。

わずか三日前、明治天皇より乃木は、畏れ多くも敢闘の勅語を賜っているのである。

勅語に対する乃木大将の奉答を紹介しよう。

奉答

旅順要塞総攻撃ニ際シ勅語ヲ忝フス

臣希典感激恐懼ニ堪ヘス　将卒一般深ク聖旨ヲ奉体シ誓ツテ速カニ軍ノ任務ヲ

遂行セムコトヲ　期ス

謹ンテ奉答ス

臣　希典

明治期の居並ぶ将星のなかで、乃木は明治天皇から最も愛されていた。

この敬愛する明治天皇への奉答後、三日にして大沢の言うように、三日間寝ていないだの、誰か司令官を代わってくれだの、本気で言ったとしたら、乃木はそれこそジキル博士とハイド氏、すなわち、多重人格障害であろう。

人間、誰でも精神的に追いつめられると、顔色すぐれず快活さもなくなる。

寡黙な乃木が一言こぼしたことを、どうとでも曲解できるのだ。

「誰か適切な人がいれば指揮権を譲る。名案は無いだろうが」と、実際に乃木が発した言葉であったとしても、それを反語として受け取る余裕が大沢に無かっただけなのだ。

いや、大沢の乃木や伊地知を見る目は、底深い悪意さえ感じてしまう。


大沢は何のためにやってきたのか。

参謀本部第三部長とは兵站の総責任者である。彼は弾丸補給の問題で訪れたのだ。

開戦時よりこの方、各軍はすべて弾薬不足に悲鳴をあげている。第三軍だけの問題ではない。

大本営の兵站総責任者も血の滲む思いで工夫している。

しかし天皇より勅語まで賜った第三軍も後がない。

砲弾不足のため、攻撃を中断せざるを得なくなった事が何回繰り返された事か。倒れた戦友の死を何回無駄にしたことか。

剛直の人、伊地知参謀長が、大本営の使者大沢に、言い訳よりも砲弾をよこせと、砲弾行政の杜撰さを厳しく難詰したことは十分あり得る。

当然、大沢は面白くない。

大沢の帰国した後の十二月二十一日、（二〇三高地攻略後であるが）大本営の山縣は、参謀総長として、乃木軍司令官に次のような書簡を送っている。

要約すると、

「戦地から帰った者の話によると、攻略が上手くいかないのは弾丸が不足と伊地知が言っている。しかし内地も努力しているのだ。

参謀長がこのようなことを言えば全軍の士気にかかわる。

伊地知本人のためにもならない。軍司令官として、本人に厳重に注意してくれ」

（『公爵山縣有朋伝』機密日露戦争戦史）

という内容である。

まるで、学校でイジめられた子が、家に帰って親に言いつけ、親が怒鳴り込んできた構図である。正論を吐いた剛直の人、伊地知は又、参謀総長という敵を作ってしまったのである。

第一、二回総攻撃の失敗の度ごとに、乃木軍司令部は敗因を検討し、対策を講じてきた。

悲嘆にくれ、茫然自失やら悄然自失になる暇はない。

白井、井上両参謀の日記にもあるように、第三回総攻撃の今回こそ、カポニエール対策も十分してある。

まして、天皇から攻撃前に勅語を賜るとは、異例中の異例である。

いやがおうにも士気は高まっていた。


我々は、個人的な確執で書かれた『谷戦史』の不公平さにそろそろ気付かねばならない。

大沢が訪れた第三回総攻撃直前は、第三軍は気力に満ち溢れていた事を強調したい。

第三軍内にも一部あった乃木批判
取るに足らない第十一師団大隊長の回想

第十一師団の大隊長・志岐守治は、戦後、中将になった時「旅順攻囲軍第一線勤務者の雑感」とする口演を行い、『谷戦史』に収載されている。

内容は、第三回総攻撃が失敗したら、乃木将軍は自決するかもしれないとの風評に、「死ねば良い」だの、二人の息子が戦死したことも「へぇー、そう」ぐらいの反応だったというようなたわいもないものである。

反乃木感情を持つ者は、彼が第十一師団長時代の乃木の部下であったことをとらえ、乃木の統率力と信望のなさの証左としてよく引用する。

しかし、一般論として、前線の将兵というものは、心身共に追い詰められると聖人君子でおれるはずがない。上層部への不満や愚痴を爆発させたとて、反乱ではあるまいしそれが大きな意味を持つとは思えない。

むしろ問題なのは、この井戸端会議的な話が、いやしくも陸大のテキストとして使用されることの方が、我が国の参謀教育のレベルの低さを物語ってはいまいか。

児玉の陸大徽章剥ぎ取り事件と乃木の優しさ

二〇三高地の督戦に乗り込んできた児玉が、第七師団の一参謀の記録ミスに激怒し、陸大卒業徽章（天保銭）を皆の面前で剥ぎ取るという有名な事件がある。

第七師団は、戦力を失った第一師団の代わりに、急遽二〇三高地に投入されたばかりであった。しかし、たちまち三分の二が死傷する大損害を受け、大混乱に陥っていた。

この状況で、この参謀は自分の師団と第一師団残余の兵力を作戦地図に書き込む際、同じ中隊を、二重に書き込んだミスであった。殺気立っている司令部のなかで、さすがの児玉も頭に来たのであろう。

『谷戦史』には次のように記されている。

「同一歩兵中隊が両翼隊に加わりありしを発見し、参謀の一名に近づき、貴官は大学校にて何を学びしやと叫び、即座に徽章を奪った」

これが『坂の上の雲』では次のようになる。

「やがて、師団参謀の書き方が間違いであることがわかった。書き間違いというより、その参謀が、現地を知っていない証拠であった。（中略）軍司令部にせよ師団司令部にせよ、この戦いを連戦連敗させている主たる原因はここにあった。そのことは、児玉は繰り返し指摘してきた。（中略）

（この連中が人を殺してきたのだ）とおもうと、次の行動が、常軌を逸した。

かれは地図のむこうにいる少佐参謀におどりかかるなり、その金色燦然たる参謀懸章をつかむや、力まかせにひきちぎった。

『貴官の目は、どこについている』

とどなった。つぎの言葉が長くつたえられた。

『国家は貴官を大学校に学ばせた。貴官の栄達のために学ばせたのではない』」

原典の『谷戦史』とくらべ、こちらの方は同じ内容を活劇風にいきいきと脚色しており、小説である以上当然である。

『谷戦史』は、この大逆鱗に触れた参謀の名を、名誉のため明らかにしていない。従ってデットコピーの『坂の上の雲』でも名前は上がっていない。

ところが、後世の研究で、この参謀の名前が判明している。

第七師団参謀　白水淡中佐である（小説では少佐）。

かつて大尉の時、乃木が師団長であった第十一師団（善通寺）の参謀であり、乃木と旧知の仲であった。

児玉に、「お前などつける資格がない」と罵倒され、あわれ、胸に輝く陸大卒業徽章（天保銭）をもぎとられたが、司馬さんは天保銭を参謀肩章に変えている。

金色燦然と輝く飾り紐の方が絵になるからであろう。

一刻も早く、港内の敵艦を砲撃したい児玉は、参謀斥候を出すことを提案。白水中佐も選ばれた。まだ二〇三高地は攻撃中ゆえ、敵弾により倒されること必定である。

児玉の副官、田中国重は、日露戦争三十周年記念座談会（朝日新聞主催）で、乃木大将は白水中佐に「白水君、白水君」と、ここを今生の別れと固い握手を続け思わず落涙したと述べている。数日前、乃木の面前で、児玉に面罵された白水が、斥候中、早まった行為をしないようにとの乃木の想いであろうか。

この時の『谷戦史』による状況は、

「第一線の状況に暗き幕僚は用をなさずと述べ、即刻二、三の参謀に第一線の視察を命じた。乃木将軍はその出発に当たるや、自ら起ちて握手し、危険地帯通過の労を犒う所あったが、児玉大将は一揖（軽い礼）することなく厳然たる命令を発せり」とある。

このことが、後世まで、陸大教育の中で、「戦場において、乃木大将のような情にもろい人物はだめで、児玉大将の如く、冷徹な軍人こそ称賛されるべき」と伝承された。

『坂の上の雲』と『谷戦史』は一卵性双生児

このような精神論が蔓延し、やがて昭和陸軍の崩壊まで続くことになるのである。

死地に赴く部下に優しい言葉をかけるのと、将帥の能力とは全く関係ない。『谷戦史』の内容にも問題があろうが、これを利用する後世の人にも問題があるのではないか。

ドイツ参謀本部を見ならった我が国の参謀は、自ら、戦史そのものを書籍に残し、後世に伝えようとする。『公刊戦史』『機密戦史』しかり。参謀達は戦史を刊行する権利を持っているので、自らの業績を美化する傾向が無きにしもあらず、である。

対して、英米では第三者機関に委任するので公正な評価を後世に残すことができると言われている。

少なくとも、我が国の参謀達が書いた戦史は十分な吟味が必要と思われる。

司馬さんは、『谷戦史』の内容に天才的レトリック（修辞）を用いて、肉付けし、臨場感を与え、我々を魅了してきた。

このようにして世に出た労作が、『坂の上の雲』であることを考えると、両者が一卵性双生児並みに似ているのは当然のことである。

結論として、『谷戦史』が、史実として問題がある以上、『坂の上の雲』の内容も大いに見直さなければならないのである。

第十章　司馬さんの大解剖——思想の根底に何があるのか

司馬作品の魅力の特長は「映像」と「二元論」

これだけ毀誉褒貶の多い国民文学『坂の上の雲』を書いた司馬さんの思想とはどんなものなのだろうか。自らのライフワークを通じて、世に何を訴えたいのだろうか。

我々、団塊の青春時代の心を捉えて離さなかった憧れの作家ゆえに、司馬さんの思想をどうしても知りたいと思い、追い求めてみた。

しかし司馬さんを解剖するなどは、身の程知らずと言われても仕方がない。

何しろ、歴史小説の巨匠（スーパーマン）である。

そこで私なりに工夫した。司馬さんをスーパーマンになぞらえて、スーパーマンならぬ正義の味方、ルサンチマンと名付けた。身近なキャラクターにすることで、理解しやすくなると思ってのことである。

下手な絵であるが、イラスト化した。テレビ対談などでは、笑顔も時々出るが、求道僧のような哲学的な表情である。似ているかどうか自信がないが、全体のポイントは押えたつもりである。

では、一つ一つ分析していきたい。

図10－1　正義の味方　ルサンチマン

まず、スーパーマンが空を飛ぶときに、武器として二本の旗付き槍を持つことにした。一本目の槍は「映像」。二本目は「二元論」。胸にはスーパーマンのⓈならぬ◇演のシンボルマーク。これら三つは司馬作品の魅力の根幹だ。

すなわち、あたかも映画を見ているような気にさせる表現力を「映像」、はっきりわかりやすい登場人物の立ち位置を「二元論」、そして小気味よいストーリー展開を「演繹法」に基づくものと考えた。

最後の「ルサンチマン」という命名は、祖国を愛する一方、裏腹に「恨」すなわちルサンチマンを持たざるを得ない、アンビバレント（二律背反）な司馬さんの気持ちを勝手に忖度したシャレである。

後で詳しく述べるが、寒すぎるシャレだとお感じになればご容赦頂きたい。

この順で解剖を始めたい。

気楽に読めたヒーロー中心の前期作品群

昭和四一年『竜馬が行く』『国盗り物語』『燃えよ剣』『世に棲む日日』など、幕末、戦国のヒーロー達が次々に現代に甦った。生き生きとした人物描写と、手に汗を握るスピード感ですべてがベストセラーになった。

これらの作品群に共通していえることは、作者の主人公に対する思い入れの深さである。ことに名作『竜馬が行く』など、日本のために天が、この若者を使わし短い生涯を終えさせた、などとキリスト教の殉教者のような最大のオマージュ（賛辞）を贈っている。

もちろんこれらの主人公に対する敵役には、それ相応の憎々しいキャラクターが与えられているが、何のこだわりもなく、楽しく読みとばせたものであった。

しかし『坂の上の雲』が書かれる前、乃木大将を主人公にした『殉死』の頃より、司馬さんの筆致は変わってくる。

気を付けよう司馬さん風天才的映像テクニック

『殉死』は「要塞」と「腹を切ること」の二つの小編からなり、『坂の上の雲』のプロトタイプと言ってよい。

内容は一言でいって乃木無能論である。が、その描写が司馬さんの映像的な筆致とあいまって凄まじい。

乃木希典が生まれたのは長府毛利藩の上屋敷で、夜のテレビ朝日のニュース番組に出てくるお天気キャスターのお姉さんが立っている六本木ヒルズの毛利庭園である。

冒頭から、「麻布に日ガ窪という町名があった。窪地になっている。（中略）このあたりだけが大きく窪み陽が射しにくい地形であることがわかる。（中略）晴れた日でも地面が黒く湿っていた。……」で始まる。

いかにも陰鬱なイメージのイントロである。

「天才映画監督・司馬」の見事なカメラワークは続く。

「……この位置ではわずかに午前中、東からの陽ざしを受けるだけであろう。（中略）

写真10－1　毛利庭園

乃木希典という、生涯洞窟の中で灯をともしていたような、そういう数奇なにおいの人物のうまれそうなところであるように思えた」

「生涯洞窟のなかで灯をともす」とは、すごい表現ではないか。

さらに、この長府藩邸は赤穂浪士が切腹を賜った所だと大人達が言い伝えるものだから、切腹場所と同じ長屋で生まれ育った乃木の子供心にも、暗い血のイメージが滲みついたに違いない、と司馬さんは言う。

乃木の後世の自刃を示唆するプロローグとしては、十分すぎるほど暗い映像である。この情景が、あたかも映画を見ている様にスッと眼底に焼き付けられるのは、さすが天才の筆になるからであろう。

実際の毛利庭園は昔に比べて高層ビルに囲まれ、暗いはずであるが実はそうでもない。周囲より少し低い土地という感じである。

『坂の上の雲』でも二〇三高地へ作戦指導にやってきた児玉源太郎の出で立ちに対し、乃木の服装の異様さを映画のシーンよろしく強調している。

「……馬が動くたびに児玉の頭も小きざみに上下している。これにひきかえ、乃木の馬上の姿はみごとであった。

乃木はあまり兵書を読まなかったが、服装に極端に凝る男で、その軍服はすべて横浜のイギリス人の仕立屋につくらせていた。

ふつう偕行社で十四、五円もあればできる将校服が、乃木の場合は二百円もかかっていた。

乃木が軍人であるという意識のほとんどは、戦術戦略の研究というよりもむしろその独特の精神、服装、そして起居動作にいたるまでのいわばスタイルをどうするかにかかっていた。

乃木の軍服は様式までかれ好みのものであった。すでに旧式になった箱型の帽子、上衣も黒ラシャの肋骨服に白のズボンという、他の将校とちがったものであり、その長靴も日本陸軍の制式と異なり、ひざまでおおう長大なものであった。それが体のわりには脚のながい乃木にはよく似合っていた……」（『坂の上の雲』二〇三高地）

何も知らないでこのくだりを読むと、乃木は多大な犠牲者をだしている戦場にもかかわらず、あたかもナポレオン軍時代の華麗な軍装を気取るだけの、内容のないスタイリストと読者は印象づけられるではないか。

司馬さんは、乃木はドイツ留学時代に軍服のデザインのみに関心があり、ドイツ軍人の起居動作しか勉強してこなかったとまで酷評している。

写真10－2　水師営の会見図

有名な開城交渉の図であるが確かに乃木の軍服は他の軍人とくらべ古式である。戦争後半は保護色のカーキ色の新式軍服が登場しつつあった。

日露役旅順開城（荒井隆雄）聖徳記念絵画館所蔵

事実は全く異なる。

乃木はフランス語もドイツ語もできた。

旅順攻囲戦中、各国の観戦武官が乃木と接し、その軍事知識に感銘を受けたという。

戦前、休職中でも隠遁先の那須で、最新の戦略書を読みあさっていた。

乃木の軍服は他の将軍と違い確かにクラシックである。しかし、このことが戦略戦術と何の関係があろう。まして開戦前からの彼のスタイルである。

二〇三高地戦で味方の血が流れている時に、乃木の派手な外見を映像的に読者の頭に刷り込むことは、まさにサブリミナル効果（識閾下の意識を刷り込む効果）を狙って乃木を貶めているように思える。

司馬さんの巧みなカメラワークに注意しなければならない。

ますます強くなる二元論「好」「嫌」から「善」「悪」へ

一般的に物語は「善玉」と「悪玉」を冒頭からはっきり示すほどわかりやすくなる。二つの要素を対立させる二元論は、複雑なストーリー展開にぴったりだ。

なにより読み手を疲れさせない。

司馬さんは二元論を駆使する名人である。

好きな人は徹底的に好き、嫌いな人は徹底的に嫌い。

『竜馬がいく』の取材旅行で司馬さんは、高知桂浜の竜馬像を見上げ「君のことを書くよ」と語りかけたという。

氏の竜馬に対する思い入れと愛情がうかがわれる、ほのぼのとしたエピソードである。

しかし『殉死』『坂の上の雲』以降、嫌いな人物に対しては、病的なほど容赦なく攻撃するようになってきた。

『殉死』に戻る。

あの長府藩邸の暗いプロローグに続いて、のっけから乃木嫌悪感が炸裂する。

「……しかしながら大正期の文士がひどく毛嫌いしたような、あのような積極的な嫌悪感もない。ただこのひと（乃木）が自分の伯父かなにかであれば、閉口してその家は敬遠したにちがいない。

もし無人島にこのひとと二人きりで流されるとすれば……いや、どうもこの想像は趣味がよくない」

大正期の文士とは、後に乃木自刃を嘲笑した志賀直哉や武者小路実篤ら白樺派の面々であろう。自分はそこまで嫌っているわけではないがと断りつつ、実はそれ以上の比喩で乃木を拒絶しているのである。

乃木は日露戦後の明治四〇年、五九才から自刃まで学習院院長を務めた。当時、ともすれば豪奢になりがちの皇族、華族の子弟教育を戒めるため、明治天皇自らが推挙されたのであった。あるとき、乃木は学習院に東郷平八郎を特別講演に招いた。

「東郷の話は希典の期待に対し漫談であった。平素無口で知られた東郷が、この日にかぎってひどく言葉がはずみ、しかも冗談が多く、このため児童、生徒は笑いさざめき、満堂のふんいきはともすれば希典のもっとももきらう弛緩の状態になった。

希典はこれに対し、かれ独特の暗さを注入してときに粛然たらしめねばならなかった。かれはにがりきった顔で、ときに立ちあがった。満堂はそれをおそれ、陽が翳ったようにしずかになった」

これほどのリゴリスト（厳格主義者）に描かれると誰もが敬遠したくなるだろう。

このように司馬さんの乃木嫌いは『殉死』にすでに始まっているのである。

主役、脇役だけが「好」と「嫌」または「善」と「悪」である間は、歴史小説はまだ読みやすい。しかし、二元論も思想や行動の善悪二元論に昇華していくとどうなるのであろうか。

『坂の上の雲』における善悪二元論

この超大作を書く四年前、司馬さんは「私の小説作法」(毎日新聞一九六四、七、二六)で「俯瞰法」というテクニックを披露している。

鳥が高い空から地表を見ながらゆっくり飛行する。人の動きや周囲の動きを空間的だけではなく、時間の流れを加えた四次元の目で見るというのである。

時間軸を加えたマクロの目で歴史を俯瞰できるので、真実により近づいた作品が書けるというのである。

このテクニックを初めて試みたのが『坂の上の雲』である。したがって、これはキーパーソンになる中心人物はいるが特定の人物が主人公ではなく、主人公は「歴史」そのものである。

まさに壮大なスペクタクルではないか。

現代版平家物語といってよい(平家物語の主人公も人ではなく仏教的無常観である)。

司馬さんは、ここに善悪二元論を持ち込んだのである。したがって人の代わりに「歴史」の構成要素である「事象」「思想」「行動」「能力」などに善悪二元論を適用することになる。

日本海海戦でパーフェクトゲームを完遂した海軍は「善」、多くの死傷者をだした陸軍は「悪」、その陸軍のなかでも「有能」な児玉は「善」、旅順攻囲戦で多くの犠牲者をだした無能な乃木、伊地知は、その「思想」「能力」そのものが「極悪」となる。

言い換えれば結果論がすべてで、それにより善悪が振り分けられる。

なかでも乃木には「無能の人」に対する憐憫の情と、冷笑しすぎた後ろめたさに、司馬さんはほんのちょっぴり償いの褒言葉――漢詩だけは天才的である――をかけている。が、反語で考えれば彼の意図は明らかであろう。

第三軍参謀長伊地知幸介にいたっては、児玉の口を借りて「無能」「卑怯」「臆病」「頑固」「鈍感」「無策」というこれ以上ない罵詈雑言を浴びせかける。主人公の引き立て役として悪玉をけなすというような可愛いものではない。

司馬さんの祖先が乃木や伊地知に恨みがあるのか。なぜここまでの憎しみがわくのか、私にはどうしてもわからない。

最近これを研究した著書が出てくるようになった。後で紹介したい。

「ルサンチマン」の胸の◇演マーク

司馬さんの文章の書き方は演繹法的だ。

いきなり冒頭に組み立てられた理論（結論に等しい）を持ってきて、あとでその理論を導き出した思考（根拠）を提示する。

「〇〇というもののおもしろさは……」

「××のふしぎさは……」などである。

又、「ついでながら……」とか「余談ながら……」などの接続詞を用い、婉曲ながらも演繹法に持ち込むこともある。

これに対し、個々の具体例を集め、一つの一般的な法則を導き出す手段を帰納法という。

帰納法はなかなか病気の本態をつかめぬ臨床医が良く使う研究法でとりあえず多くの症例を集め、分類し、共通点を見つけ出すやり方である。ケースコントロールスタディとも呼ばれている。

演繹法はスピーディで話の展開が早い小気味良さがあるが、最初の理論を構築するには、閃きが必要で天才肌の人向きである。

まさに司馬さんにぴったりの思考手段である。

しかし、理論の次に持ってくる根拠の正確さが大切なのは言うまでもない。

自然科学研究の多くは演繹法で進めることが多い。

私が大学院学生時の指導教授は、「理」の学、理学部出身でノーベル財団から研究目録を求められるほどの天才だった。

多くの患者症例をかき集め、最後は統計学的処理にゆだねる医者の帰納法を内心馬鹿にしておられた。「それでは傾向はつかめるがその奥の真理はわからないだろう」と。

口癖は

Theory guides, Experiment answers.（理論が導き、実験が答えを出す）

この教授の天賦の才とは、実験を始める前にすでに結論に至るストーリーが組み立てられており、試験管で実証することにあった。このようにして証明された事実は、全世界の研究者に広く追認され後世に残るのである。まさに演繹法の神様であった。

自然科学者と比べるのも変だが、演繹的な天賦の才に於いて、司馬さんの瞬時にストーリー展開がひらめく点はよく似ている。

しかし、実験（根拠）が虚偽であればどうなるか。STAP細胞論文をみれば明らかであろう。STAP細胞騒動は、成熟細胞でも適切な刺激を受け続けると幼若化する（臓器を作れるもとになる）という仮説（理論）をたて、オレンジジュース程度の酸性液に浸けると幼若化したというのである。

しかし、世界中の研究者は再現実験できなかったことは周知の事実である。

実験で都合の良いとこだけをピックアップするいわゆる「良いとこどり」は禁忌である。

確かに、自然科学と文学とは違う。それでも、冒頭に断定的に「結論」をだし次に「根拠」を持ってくる演繹的な「坂の上の雲」は、司馬さんが、史実に限りなく近いと自画自賛する以上「実験」に対応する「根拠」の正確さが求められる。

「涙惨知マン」司馬の誕生

ルサンチマンを勝手に漢字表記すると涙惨知マンがいいだろう。

涙惨知マンの漢字の部分は、涙が出る程、惨めな思いをした知の人という意味を、ルサンチマン（恨）にひっかけた。

何の怨念か。なぜ司馬さんは怨念を持たねばならないのか。

晩年の司馬さんは、小説よりも「この国のゆく末を見つめる」というような、国を憂うるエッセイを精力的に発表するようになったのはなぜだろう。

私は、これらを読むにつれ、次のような確信に至った。

大東亜戦争で灰燼に帰した祖国を目の当たりにして、維新後、わずか七〇数年ですべてを滅ぼさせた不条理なものに、若き日の司馬さんは深く感じるものがあったのではないか。

そして、年をとるにつれ、日本を滅ぼした不条理さを追求することが、ライフワークになってきたのではないか。

小説家として、功なり名をなした晩年、次世代の人間に、どうしても言い残しておきたい恨があったのではないかと思うのである。

ノモンハンと司馬さん

日露戦争から少し（否、大いに）脱線することをお許し頂きたい。彼の晩年の講演やエッセイで日本人論を述べる時、ノモンハン事件がよく出てくる。

もちろん司馬さんは、ノモンハン事件を直接体験していない。

しかし彼にとってこの事件とは、生涯にわたって晴れることのない暗雲に閉ざされた心象風景なのだ。

ノモンハン事件とはなにか。

昭和一四年五~九月、満洲国とモンゴルの国境紛争がエスカレートし、日ソ両軍が双方とも、戦車、重砲、航空機をくりだした大規模な局地戦である。

結果は、近代兵器に勝るソ連軍に一方的に我が軍が殲滅されたことになっている。

「ノモンハンの戦闘はソ連の戦車軍団と、分隊教練だけがやたらとうまい日本の旧式歩兵との鉄と肉の戦いで、日本戦車は一台も参加せず、ハルハ河をはさむ荒野は、むざんにも日本歩兵の殺戮場のような光景を呈していた。」(『司馬遼太郎が考えたこと』二)

国際政治学者の福井雄三氏は、その著書のなかで「司馬がその生涯を通じて一番書きたかったのは、実はノモンハンなのである。『坂の上の雲』は、その前段階のテーマに過ぎなかった」と大胆に断定している。(『坂の上の雲』に隠された歴史の真実　福井雄三)

いっぽう司馬さんも、

「ノモンハンは、日本の歴史のなかでだれかが位置づけなきゃいけないんです。日本の軍閥がやった愚かな行為だとしてしまうのは簡単ですが、そうじゃなくて、ノモンハンにも『日本人とは何か』が濃密に入っています。……」（『戦争と国土』司馬遼太郎対話選集六）

と、並々ならぬこだわりを見せる。

司馬さんは平成六年、陸自幹部学校での陸戦学会総会で次のように記念講演を行った。

要旨は、ノモンハン事件の参加部隊は、かって自分がいた戦車隊なので戦歴を精力的に調べた。その結果、あまりにもばかばかしくて精神衛生上悪いので（ノモンハンの本を）書かなかった。

など、敵に包囲された師団長の当事者意識のなさと情報感覚のなさを、口を極めて罵っている。

そして最後に、昭和以降の旧軍は参考にならぬが、明治人はまじめで、情報の獲得に敏感であったが、それを失ったとき国が滅びると結んでいる。（『司馬遼太郎が語る日本』未公開講演録Ⅱ）

居並ぶ陸戦のプロの感想を聞いてみたいものだが、それはともかく、司馬さんは「ノモンハン」を書くのを断念した。理由はわからない。

では、ここで疑問が生じる。

情報感覚が鋭かった栄光の明治陸軍が、滅びの昭和陸軍に劣化したのはなぜなのか。

栄光の明治陸軍のなかの、乃木軍は奇胎なのか。

奇胎の乃木軍のDNAだけが昭和陸軍に遺伝した、と司馬さんは言いたいのか。

この疑問を真正面から解明したのは前述の福井氏である。

氏は「その中（『坂の上の雲』）にノモンハン事件につながるテーマを隠しこんでいる」という。「……旅順攻防戦を描く中で、乃木希典と伊地知幸介を馬鹿の骨頂のようにこきおろし、かたや児玉源太郎を神のごとくに美化して描いている。……昭和陸軍の暗黒と破滅の原点をなすのは、明治の乃木大将なのだとするためではなかったのか。すべての間違いのルーツはここから始まったのだ、とその出発点を設定するためではなかったのか」（『歴史小説の罠』）

司馬さんは、軍部が旅順攻防戦の愚劣さを直視せず、教訓としなかったことがノモンハンと昭和の破滅に連なったと言いたいのだと福井氏は解説している。

そうだったのか。

司馬さんは、昭和の破滅をひきおこした遠因は、明治の乃木、伊地知のような無能、無責任な軍人にあると確信していたからこそ、煮えたぎるような憎悪を彼らにぶつけたのか。目からうろこが落ちる思いであった。

が、ちょっと待ってほしい。

旅順とノモンハンをルサンチマンの出発点にされてはたまらない

旅順攻略戦は世界史的に見て、決して恥ずべき愚劣な戦いでなかったことは縷縷述べた。もうこれ以上の論証はしなくてよいだろう。

いっぽうノモンハンに関しては、近年、戦術的にはむしろ日本の勝利であったことが判明した。ソ連崩壊後のグラスノスチ（情報公開）のおかげである。

従来はソ連のプロパガンダにより、ソ連側の死傷者九二八〇名に対し、日本側はなんと約五万名もの損害を出したことになっていた。

平成二年頃より新しい資料がどんどん公にされ、軍事評論家古是三春氏の研究によると、日本側投入兵力約二万七千名中、戦死傷者二万八〇一名であるが、ソ連側六万九一〇一名中、戦死傷者はなんと二万三九二六名とソ連側の被害の方が多い。

（『ノモンハンの真実』古是三春）

すなわち日本側は約二・五倍の優勢な敵と戦い、全滅はしたが自分より多い損害を敵に与えたのである。資料により数字のくい違いはあるが、これは自軍より大きな出血を敵に強いた硫黄島の戦いと同じであり、後世の人が栗林兵団の敢闘を称賛するのであれば、ノモンハンでも同じ栄誉を我が方へ与えてもよいのではないか。

空中戦でも日本の戦闘機の方が格闘性能がよくソ連軍の撃墜された飛行機は一六七三機に達したが、日本側の損害はわずか一七九機で約一〇分の一に過ぎなかった。現場の将兵は敗けた気がしなかったであろう。(『坂の上の雲』に隠された歴史の真実　福井雄三)

ソ連軍の指揮官ジューコフ将軍は、戦後、歴戦のなかでノモンハンが最も苦しかったと述べているが、スターリングラード以上の苦戦と認めていることは、なによりも我が軍の善戦を敵が評価していることであろう。

司馬さんがブリキのオモチャと自嘲していた八九式戦車にしても、主砲の貫通力と速力はソ連のＢＴ７戦車に劣っていたが、装甲はほぼ同じ(八九式の最大一七ミリに対しＢＴ７は前面下部こそ二〇ミリであるものの砲塔にいたっては一三ミリで、実戦においての比較は意味がない)。八九式は被弾しても燃えにくいディーゼルエンジンを搭載していたが、ＢＴ７はすぐ燃えあがるガソリンエンジンであった。

短砲身五七ミリ砲は非力ではあったが、操作性と発射速度に優れ走行射撃もできた。敵が有効射程内に入ればペラペラ装甲のＢＴ７を十分撃破できたのである。対してＢＴ７は走行射撃もできず命中率も悪かった。

戦車戦も一方的にやられていたわけではない。

司馬さんはさらに話を面白くするために「元亀、天正の武装（信長時代の鉄砲隊のこと）」とまで我が軍をこきおろすのは、大袈裟に表現して読者受けを狙うにしても品がない。

ノモンハンの真実は司馬さんの最晩年にわかってきたことなので、彼の認識間違いもやむを得ないこととしよう。

ジューコフが称賛しているように、日本軍の第一線の指揮官、下士官、兵は圧倒的な兵力差をものともせず、創意と工夫と比類なき

写真10－3　BT7戦車
WorldWar2Headquarters
装甲：15mm　速度：52㎞／h　主砲：長砲身45mm砲
ノモンハン戦時のソ連戦車の性能は第二次大戦の時にくらべ非常に低かった。

勇敢さで克服した。

ノモンハンを全否定する司馬さんが、唯一称賛する人物は須見新一郎大佐。

第七師団歩兵第二十六連隊長である。

火炎びんを持った部下を敵戦車に肉薄させ、八十三両も破壊炎上させ一気に勇名をはせた人である。

後年司馬さんがノモンハンの本を書くために取材しているが、たちまち意気投合したそうである。（『司馬追太郎に日本人を学ぶ』森史朗　文春新書）

須見大佐は赫赫たる戦果をあげながらも、上部組織（関東軍司令部）の参謀達の愚劣な作戦指導に我慢ならなかった。

数少ない戦車の損耗を恐れ作戦半ばで後方に避退させたことや、わずか五百名まで戦力低下した部隊を敵の後方への迂回作戦に投入することの非を上層部(関東軍司令部)に言いつのった。

ここが合理主義者の司馬さんとよほど波長があったのだろう。

これが抗命ととられ、須見大佐は予備役編入となった。

旅順攻略戦を思い出して頂きたい。

戦闘のスケールは違うが、司馬さんの好きな須見連隊長と、練りに練った坑道作戦を地道に実行しつつ「もっと弾丸を」とまっとうな抗議を大本営にした結果、後で左遷された伊地知幸介とどこが違うのか。

ノモンハンで、関東軍司令部―現地（第二十三師団その他）の関係は、旅順で、満洲軍総司令部―現地（第三軍）であろう。

くり返しになるが、ノモンハンと違って満洲軍総司令部と第三軍とはお互いを尊重し意思の疎通も十分であった。ただ一人井口省吾参謀を除いて。

旅順攻略戦は乃木、伊地知をはじめ現場の合理性が、井口参謀と結託した大本営の的外れな干渉を見事にはねのけ、結果を出したことは我が国にとって誠に幸いであった。

馬鹿な指導者に振り回された現地の怒りを代弁して司馬さんが、ノモンハン戦を罵倒する気持ちはわかる。

しかしやはり味噌もくそも一緒にするべきではない。

よってほとんどの情報開示がされるようになった今、我々は、旅順攻略戦とノモンハン事件が昭和の破滅に連なったということだけは否定しておきたい。

ノモンハンの総括がなされないまま科学技術を軽視し、夜郎自大になった陸軍の非合理主義が亡国の原因だとする司馬史観は、一部、首肯するとしてもこの二つの戦いと昭和の滅亡とは何ら関係性はないのだ。

むしろノモンハン以降に原因を求めるべきであろう。

もっとも戦争をハード面で見ると、技術革新をしたくてもできなかった我が国の現状があった。

一例をあげると八九式戦車の後継として登場した九七式戦車は当時、全世界の標準レベルであったが、我が国の国力と科学力の乏しさは改善の余地を与えてくれなかった。

大東亜戦争の中盤には時代遅れの汚名を着せられたのは周知の事実である。

海軍の名戦闘機ゼロ戦もしかり。

アメリカには開発できて日本にはできなかった新兵器は枚挙にいとまがないが、これを指摘するのは本書の趣旨ではない。

「統帥権の独立」のことなど

司馬さんは科学技術の後進性もさることながら、軍を動かす人間そのものに昭和の滅亡の原因を見たという（『昭和という国家』）。

彼は機会があるごとにその中枢・参謀本部を口を極めて罵っている。

もっと端的に言えば、参謀本部の「統帥権の独立」こそが国を滅ぼしたと言っているのだ。

「統帥権の独立」とは何か。

皇軍に於いては軍隊の運用（統帥）は、近代国家の根本の三権分立（立法、行政、司法）とは独立しており、天皇にのみ帰属する大権であった。

天皇より軍の運用を付託された軍人はまさに虎の威を借りる狐のように、政治に容喙したことが多々あったのも事実である。

「統帥権の独立」が昭和期には癌組織の様に自己肥大し、母体である国家を滅ぼしたと司馬さんは言いたいのだ。

ここで我々は十分気を付けねば、また司馬さんの卓越な文章力で丸め込まれてしまう。

「このころから統帥権は、無限、無謬、神聖という神話を帯び始める。（中略）戦争をおこすことについても他の国政機関に対し、帷幄上奏権（軍が内閣を経ず直接天皇に上奏すること）があるために秘密にそれをおこすことができた。となれば日本国の胎内に別の国家—統帥権日本—ができたともいえる」（『この国のかたち』四）。

司馬さんは古本屋で参謀本部編『統帥綱領・統帥参考』という機密文書の復刻版を手に入れており「統帥権は超法規的なものであるから議会を無視してもよい」というニュアンスがあると述べている（『この国のかたち』一）。

確かにこの機密文書は、政府と統帥部の協力関係の否定を推奨するもので健全であるはずがない。

しかしここで検証したいのは、司馬さんのいう日本の胎内の別国家―統帥権日本―が亡国の直接原因かということだ。

「統帥権の独立」など、たかだか国家の行政システムのひとつに過ぎない、と言っては言い過ぎだとわかっているが、私はどうしても「統帥権の独立」と昭和の亡国との関係性を理解できない。

我々はこれを、なにかヒトラーやスターリンなどの独裁者が持つ途方もない権力のように刷り込まれているのではないだろうか。

映画やドラマで陸軍省や参謀本部の将官が、顔を真っ赤にして自らの計画に反対する官僚や政治家に「統帥権干犯（侵害）！」と怒鳴りながら横車を押すイメージがあるようだ。

しかし、戦前でも明治憲法下の立憲主義は健全であった。

なにしろ戦争末期、独裁的な権力をふるっていた東条首相に、下手な戦争指導の責任を取らせ合法的に下野させることができたぐらいである。ナチスドイツやスターリン・ソ連と違うのである。

少壮軍人のエネルギーだけで政治を動かせるような甘いものではなかった。

昭和初期をふりかえる

統帥権の独立を錦の御旗に軍拡に走ろうとする艦隊派軍人は、ワシントンとロンドンの軍縮会議で妥協せざるを得なかった。

なお司馬さんは「統帥権の独立」というおばけは陸軍参謀本部の専売特許のような言い方をするが、海軍もしばしば行使しており隠蔽が巧みなだけにたちが悪かった。このことは後述する。

昭和二年、蒋介石の北伐軍が済南の邦人を虐殺した時(済南事件)[1]田中義一内閣は山東出兵をおこなったが、最小限の介入であり「統帥権の独立」をかさにきて侵攻するものではなかった。昭和六年の満洲事変こそ関東軍の謀略であり「統帥権独立」の乱用であろう。もっとも匪賊が跳梁跋扈し、軍閥の群雄割拠する無政府状態から邦人の安全と日本の正当な利権を守る措置であったが。

この関東軍の道義的善悪は別として政府の中にも紛争拡大派がおり、世界恐慌にあえぐ国民から関東軍は圧倒的に支持されたのは注目に値する。

このため不拡大派の若槻内閣は倒れ、拡大派の政友会犬養内閣となり満洲国建国につながるのである。この政権交代は立憲主義に基づき合法的に行われたのである。関東軍が統帥権をほしいままにして傀儡内閣をごり押しでつくったわけではない。

(1) 済南事件…昭和二年、山東省済南の日本人居留民が反日感情の強い蒋介石軍に虐殺された事件。

シナ事変はどうか。

大陸の日本の権益への挑発や邦人虐殺(通州事件)[1]に堪忍袋の緒が切れた世論は「暴支膺懲(懲らしめる事)」と沸き立った。

文民の近衛政府も蒋介石への一撃論に傾いた。しかし、これとて「統帥権独立」が軍はもとより政府、国民を戦争へそそのかしたわけではない。

軍部の中にも石原莞爾参謀本部作戦部長らの和平派がおり武藤章同作戦課長らの拡大派と激しく対立したが、軍人どうし統帥権干犯と罵り合うことはあり得ない。考え方の違いだ。

確かにこの頃から日本はじわじわとシナ大陸という泥沼に引き込まれていったがこれが亡国の原因ではない。なにしろ昭和二十年、内地が空襲で焼け野原になっていても大陸では帝国陸軍は蒋介石軍を圧倒し続けていた。

日本はシナには敗けてはいない。

では亡国の原因は何か。

ずばり、絶対勝てないアメリカと戦争したからである。石油を一手に売ってもらっている国と、その輸入した石油をつかって戦争をすることの矛盾は小学生でもわかる。

(1) 通州事件…昭和十二年、北京郊外の通州において、日本人居留民がシナ現地政府の保安隊により、多数虐殺された事件。済南、通州の両事件とも女子供まで酸臭極まる殺され方をした。

大東亜戦争開戦前より文民も含めた大本営政府連絡会議があり、万が一戦争になった場合の戦略が練られていた。政府側から、総理、外相、蔵相、陸相、海相、企画院総裁など、統帥側から陸軍参謀総長、海軍軍令部長が出席した。

軍は議会を嫌うものの、政府と統帥側との話し合いの場は確保されていた。

軍人だけが「統帥権独立」と絶叫し「国務」を無視して突っ走ることができるほど簡単に国は動かせない。

従って司馬さんの言うような「統帥権独立」が亡国の原因ではない。

もし政府側が本気で対米戦に反対なら大臣が一人でも辞任すればよいのだ（本人はテロにあうかもしれないが）。

内閣はつぶれ、次の組閣に時間がかかり開戦が遅れることだろう。

開戦予定日の十二月八日あたり、ヨーロッパで何が起こっていたか。

すでに独ソ戦が始まっており、侵攻したドイツ軍は厳しい寒波と雪のためモスクワを目前にして総崩れをおこしていたのだ。

頼りの同盟軍の苦戦を知った上でも対米開戦を決定しただろうか。

イギリスのヴィクトリア女王時代に外相だったヘンリー・パーマストンは「イギリスには永遠の同盟国も永遠の敵国もない。あるのは永遠の国益だけだ」と言ったそうだが、この会議にいたらどういうだろうか。

逆に、戦後「ルクセンブルグやモナコでさえアメリカに宣戦布告するだろう」と東京軍事裁判のパール判事が指摘したように、アメリカの最後通牒に等しいハル・ノート[1]を各メンバーは拒絶する矜持にあふれ、座して死を待つよりアメリカと差し違えを考えていたのか。

あるいは、会議のリーダー達の、省益を守りたい、血を流してとった海外権益を失いたくない、軍事費を得ている以上戦争に負けると言えない、自分は責任を取りたくないので人の意見に従おう、などと日本特有の合議制による意思決定システムの欠陥により、明確な戦略確立が不可能だったかもしれない。

ここまでみてくると亡国の原因は「統帥権」云々よりも決められない政治家・軍官僚の問題に集約できるともいえる。これは現代に通じるものもあるのではないか。

ちなみに「統帥権」問題を問うのであれば「統帥権独立」より「統帥権分離」のほうがはるかに害悪であったと旧陸軍出身の歴史家、佐藤晃氏は指摘する（『帝国海軍が日本を破滅させた』上・下　光文社）。

（1）ハル・ノート…日米戦争を避けるため両国の交渉が続いたが、昭和十六年十一月二六日、コーデル・ハル国務長官から日本側に提示された通告。石油が欲しければシナ大陸から完全撤退せよなど、日本を事実上日露戦争以前の状態に戻す厳しいものであった。

つまり建軍いらい「陸主海従」であった陸海軍の力関係は、日露戦争直前、山本権兵衛海相により並列対等になった。

一見もっともらしく思える。

しかし以前は戦時に陸軍参謀総長が一元的に采配を振っていたので問題なかったが、この後は陸海バラバラで作戦を立て進撃するものだから正しい戦略に拠った洗練された戦争など望むべくもない。

とくに海軍の秘密主義、隠蔽体質、戦果の大嘘など、司馬さんは指摘してはいないが、彼が憎む参謀本部以上に海軍は「統帥権独立」を悪用している。海軍のミッドウエー大敗戦を東条首相が知ったのは、半年以上後であったという笑い話もある。

本当の敗因は複雑すぎて一言で言えるものではない

ではなぜアメリカに負けたのか。

物量に負けたとよく言われる。

物量に科学力だ。

日本の都市を焼き尽くした、あふれるような爆弾、飛行機。

瞬時に都市を壊滅させた、科学力の結晶、原子爆弾。

しかし実はその前に戦略、戦術、作戦計画すべてに劣っていたのだ。

島国日本を兵糧攻めにすべくシーレーンを狙ったアメリカ潜水艦対策、広い太平洋の島々に兵力分散した愚、情報、謀略の軽視など枚挙にいとまがないが敗因の分析は本書のテーマではない。しかし同じ敗けるにしても、もう少しましな負け方（講和）があるのではないか。

詳しくは前述の佐藤　晃氏の著作を熟読して頂きたい。

技術革新を忘れた軍需部門、英米協調を唱えながら南進論をとった海軍、広大な太平洋に版図を広げ過ぎた海軍、負け戦を隠蔽し続け、底なし沼に沈んだ海軍等、軍部に責任があることはもちろんである。

しかし本当の敗因はもっと複雑に絡まっている。

マクロの目で俯瞰すれば、コミンテルンによって巧妙に操られ、戦争するように仕向けられた日本とアメリカの政治力学も考えねばならないだろう。

どういうことか。

日露戦争時、あれほど日本を応援してくれたアメリカは、日本の勝利後手のひらを返したように冷淡になった。

日本が得た満洲の権益に与りたいアメリカは、南満洲鉄道の共同経営を「鉄道王」ハリマンを通じて日本に提案したが、ポーツマス講和条約から帰国した外相小村寿太郎に一蹴されたことも一因である。

シナに権益を求めたいアメリカにとって、日本は打倒すべき将来の敵になったのである。

アメリカは日露戦争終結後、早くも二年目（一九〇七年）、対日戦争計画「オレンジプラン」策定に着手した。

一九一三（大正二）年、カリフォルニアで日本人移民の土地所有を禁止する「排日土地法」成立。

一九二四（大正一三）年にはとうとう「絶対的排日移民法」が制定され、日本人排除が本格的に始まったのである。

しかし、ここまではまだアメリカの日本に対する人種差別「黄禍論」の域を出ない。

コミンテルン（国際共産主義）の大暗躍

ロシア革命を成就させたレーニンは、帝国主義国家同士を戦わせて疲弊させ、それぞれの国内で共産革命を起こす戦略を立てていた。

一九二〇年一二月、日米の対立を煽り戦争に導けと共産党大会で演説している。

いわゆる「漁夫の利」作戦だ。

コミンテルンは対日、対支、対米とほぼ同時期に三つの工作を進めた。

対日工作―朝日新聞記者、尾崎秀実をスパイとして近衛内閣のブレーンに送り込み、軍事、外交などの国家機密をソ連に流させていた。又、彼はシナ事変で近衛首相に戦闘拡大を進言し日本の国力の疲弊を狙っていた。

陸軍の伝統的戦略である北進論（対ソ戦）を南進論（仏領インドシナ進駐）に転換させ、英米の虎の尾を踏むように仕向けた。

対支工作―シナ事変のきっかけとなった盧溝橋[1]の一発は、国民党軍を装ったコミンテルンが夜間演習中の日本軍に撃ちこんだことがわかってきた。また国民党のなかにもコミンテルンが紛れ込んでおり今後さらに明らかにされるだろう。シナ事変がはじまると、アメリカは蒋介石に巨額の軍事援助を与えるのみならず、秘密裏に義勇航空隊を送り込み間接的に日本を攻撃した。

明らかに国際法違反である。

対米工作―ルーズベルト政権のなかにもコミンテルンは潜んでおり、大統領の腹心、財務次官補ハリー・ホワイトは日米交渉で日本が絶対のむことができない最後通牒ともいうべき「ハル・ノート」の草案起草者として知られる。「ハル・ノート」により日米戦争が引き起こされたことを考えるとコミンテルン工作は大成功をおさめたのである。

（1） 盧溝橋事件…昭和十二年七月七日、北平（北京）郊外盧溝橋で夜間演習中の日本軍が銃撃された事件。

ルーズベルト政権内のコミンテルンのスパイの役割は今後さらに研究がすすめば新しい真実が出てくるであろう。

「漁夫の利」作戦にまんまとはまった日本は、もはや滅亡から逃れるすべはなかったのである。

昭和の滅亡はナイーブな日本人論だけで考察できるものではない。

複雑な国際情勢に翻弄される国運を、日本人論だけで解釈しようとするところに「司馬史観」の限界があるのだ。

国と国との関係は冷徹な国益によってのみ進んでいく。

決して絶対的正義や性善説にもとづくものではない。

国際政治のダイナミズムから見ると「司馬史観」なるものは、あまりにも内向きの、情緒的な、内省的で、矮小な史観であることがお分かり頂けるであろう。

本当のルサンチマンをぶつける対象はなにか。

生き馬の目を抜く国際社会で上手く立ちまわれなかった日本人の「うぶすぎる感性」にこそぶつけるべきであろう。

昭和期の陸軍のみに責任を問うのは公平ではない。

戦車隊小隊長福田少尉（司馬少尉）

最後に、若き司馬さんが栃木県佐野で経験した、強烈な「恨」のエピソードを紹介する。

昭和一八年、学徒動員された司馬さんは翌年満洲四平街の戦車学校に入学、卒業後すぐ牡丹江の戦車第一連隊の見習い士官となった。

この部隊は本土決戦のため内地に帰還。一戦も交えることなく終戦を迎えた。

この頃の戦車はさすがにノモンハンの時の八九式ではなく、後継の九七式、九七式改、と少数の一式、三式中戦車となっていた。

九七式は以前と同じく非力な短砲身五七ミリ砲搭載なので、米軍M４戦車の装甲を貫通できず、長砲身四七ミリ砲に換装した改良型がやっとM４の側面を撃ち抜ける程度の代物であった。防御力は八九式より進歩したとはいえ両車共、前面装甲二五ミリという薄さである。対してM４は七五ミリ砲、前面装甲五一ミリで勝負にならない。

一式は四七ミリ砲のままで装甲をやっと五〇ミリにしたに過ぎず、これに、大型砲塔を載せ七五ミリ砲を備え、何とかM４と渡り合える三式中戦車が登場するのは昭和一九年末まで待たねばならなかった。せっかくの三式も南方へ運ぶ手段がなく本土決戦用とされた。

写真10－4－1　大戦中の主力97式中戦車（チハ車）

写真10－4－2　大戦中の主力97式中戦車（チハ車）

サイパン戦で撃破されたものが、靖国神社に祀られている。下の写真では側面に対戦車弾が貫通した孔がみえる。　　　　　　　　　（靖国神社　遊就館蔵）

この新鋭の三式ですら、司馬さんは、ヤスリで砲塔を削れたと自嘲している。

インテリの青年将校の司馬さんである。戦場の情報は耳に入ってきたことであろう。強大な憎きM４を、ヨーロッパでは同盟国のドイツのV号・VI号戦車が赤子の手をひねるように撃破している情報を彼はどんな気持ちで聞いただろう。戦時中の子供向け雑誌「週刊少国民」ですら世界最新の虎（VI号）戦車、豹（V号）戦車として紹介している。

司馬さんの乗車は一式か三式か知らない。

しかし、オモチャのような戦車を見て、彼は何の意味もない死の為に用意された鉄の棺桶に乗り込んでどんな感情を持っただろうか、想像に余りある。

彼の軍隊回想の論文は、自軍戦車に対する怨嗟の声で満ち満ちている。

科学的思考を無視し、技術革新を怠った兵器行政への憤りは沸点に達していた。

しかし、司馬さんが本当に許せなかったのは、同じ日本人の「非理性」なのだ。

佐野の「轢き殺して行け」伝説

これは司馬さんが、講演で旧軍の回想になるとよく折り込む話である。

佐野駐屯の戦車隊が、米軍のコロネット作戦（関東平野上陸作戦）を迎え撃つため、高崎街道を南下する計画を立てた。

司馬さんが、東京から北上する避難民とぶつかった時に、その混乱をどう収拾するのか、大本営参謀に質問した。

なんと「轢き殺して行け」が返事だったのである。

もし本当だとしたら「狂気」そのものである。

歴史家秦郁彦氏は、戦友会（石頭会）でわざわざ調べ、そのような事実はないとし、評論家松本健一氏はそれを受けて、戦後、司馬さんが創作した伝説だと類推している（『三島由紀夫と司馬遼太郎』）。確かに、にわかには信じられない話である。

血気にはやった大本営参謀が、激高して現地部隊を一喝した取るに足らない捨て台詞を司馬さんが、針小棒大にとらえ、世間に発信しているうちに、一人歩きしたかも知れないのだ。

ウソも百回言えば真実になる。

「戦争遂行という至上目的、もしくは至高思想が前面に出てくると、むしろ日本人を殺すということが倫理的に正しくなるのである」（『歴史と視点』）と悟り、それから司馬さんは「思想」というものを一切信じなくなってしまったという。

話が変わるが、昭和四五年一一月二五日、三島由紀夫は憲法改正を叫び、割腹自決を遂げた。司馬さんはこれに即、過剰に反応し翌朝の新聞で激烈な批判をしている。

「思想というものは、本来、大虚構であることをわれわれは知るべきである。（中略）虚構を現実化する方法はただひとつしかない。狂気を発することであり……」（「異常な三島事件に接して」一九七〇年一一月二六日毎日新聞朝刊）

松本健一氏はこの一文に籠る司馬さんの思想嫌いを鋭く指摘し、「栄光の明治を昭和時代に『鬼胎』たらしめたのは天皇中心の国体論という思想である」というのが司馬史観だと喝破している。（『三島由紀夫と司馬遼太郎』）

従って司馬さんは思想から発した狂気によって、自らの生活を規定されるのはまっぴらごめんで、「思想」の対局にあるもの、「現実」しか信じなかったのではないか。

彼の作品やエッセイをみると「思想」を持った人物、吉田松陰、久坂玄瑞、西郷隆盛など陽明学的人物を嫌っており、逆に「現実」を見る坂本竜馬、高杉晋作、大村益次郎、勝海舟などテクノラート系人間を好んでいる。

組織でも「思想」を持った陸軍は嫌いで「つまり日本の旧陸軍というものは、われわれを支配していたどころではなくて、われわれ日本人を占領でもしていたつもりではなかったか」「日本陸軍は長州奇兵隊の名残のようなものであり、自国の文化に固執する。文明拒否の姿勢が強く……」とあたかもバーバリアンのようにさげすみ、技術を重視した海軍は「文明である」とまで持ち上げる。（「『坂の上の雲』と海軍文明」関西ネイヴィクラブ第一六〇回例会）

司馬さんは、海軍の闇の部分、大東亜戦争中の連合艦隊が艦隊保全のため逃げ回り、戦果の誇大報告、一貫性のない戦略で、なすべもなく滅んだことに目を閉じるからこそこのような発言に至るのであろう。

司馬さんの嫌いな「思想」からくる狂気は、陸軍の専売特許ではない。

陸軍ほど目立っていないが、海軍にも独特の思想があり狂気もあった。

例えば、名戦闘機ゼロ戦のパイロットを守る防弾鋼板や防弾燃料タンクを、攻撃精神と技術を磨けば不要と採用しなかったのも海軍であり、特攻攻撃を実行したのも海軍が先であった。単純な海軍善玉、陸軍悪玉論は現代にはすでに否定されるようになっている。

従って司馬さん個人の陸軍体験である「佐野伝説」を一般普遍化するのは難しい。

亡国のルサンチマンにするべき対象は、複雑すぎてひとことで言えるものではない。

確かに、当時の軍部の狂気を認めるにしても、何とか日本を大戦へ巻き込もうとする当時の国際コミンテルンの動きや、国際情勢を読み切れなかった外交力のなさも重要なファクターである。

再び言いたい。昭和期の陸軍の思想と狂気だけにルサンチマンを求めるのは公平ではないような気がするのである。

終章　戦後民主主義と司馬さん

団塊世代の歴史教育

前章では我らが「涙惨知マン」の誕生は、日本滅亡寸前の佐野の地であることを類推した。最後に「涙惨知マン」の「恨」が戦後民主主義と、どう関係したのかを考証してみたい。

我々が幼少の頃、井戸端会議でおばちゃん達は、戦争に負けて世の中明るくなったような話をしていた。対して、ボロボロのカーキ色の服を着た復員兵のオッチャン達は、あまり口を開かなかったような気がする。

小中学校の社会科の授業では、日本は無謀な侵略戦争を始めて国がボロボロになったと教えられた。

高校になると、倫理社会の教師が、憲法前文の有名な下り「……平和を愛する諸国民の公正と信義に信頼してわれらの安全と生存を保持しようと決意した……」を黒板に大書し、丸暗記を強要し、定期試験に出題した。

日本は平和憲法に守られているので、他国も手を出しにくいとの説明であった。さすがに高校生にもなると、他力本願だけで国家を保てるなど偽善に思えたものだった。

自己の生存を他人の善意にまかせるなど、できるはずがないだろう。

身近な経験でいえば、どうしようもない奴にからまれた時、平和を愛する友達に助けを求めてもどうにもならない。先公も見て見ぬふり。自分自身が奴と対峙しなければならない。交渉か反撃か。

戦後民主主義は、子供でも分かる偽善を我々に教えてきた。


中年になり、中学校の同窓会で、小学校教頭になっていた友人の話を聞くことがあった。式の前日には生徒達に日の丸の赤について説明するのが慣しであるとのこと。「この赤色は、昔、日本人がアジアの人達を傷つけた時の血を表しているんだよ。この旗を見る度に、いつも人の傷みを思い出せるような優しい人になろうね」と説明するそうである。

彼はさすがに文部省の指導で国旗は掲揚しなければならないが、自分の教え子達が、いかに自分の考えを素直に受け止めてくれるかを嬉々として話した。

私は開いた口が塞がらなかった。何か、その友人が異次元から来たような気がして、空恐ろしいものを感じた。

皆さんもこのような経験をされたことはないだろうか。

WGIP（War Guilt Information Program）

この異次元から来たような日本人はかなり多い。

マッカーサー総司令部（GHQ）によって、日本を罪深い国として仕立てあげ、日本人より独立心を奪い、贖罪意識を植え付け、アメリカの属国たらしめるという政策が考案された。

これがWGIPであると評論家・江藤淳氏は喝破していた。（『閉ざされた言語空間』文芸春秋一九八九年）

しかしWGIPの原文が発見されておらず、存在そのものが疑われていた。

最近、関野通夫氏が、この内容文書を多大な苦労の末発見し、WGIP（ウォー・ギルト・インフォメーション・プログラム）の全貌が明らかになった。（『日本人を狂わせた洗脳工作』関野通夫）

自由社より出版された薄いブックレットであるが、濃い内容を盛り込んだ力作である。

WGIPを実施したのはGHQの一部局のCIE（民間情報教育局）で主にマスメディアを使った日本人洗脳教育に活躍した。

早くも終戦の年の暮れに、NHKは「真相はかうだ」（後に「真相箱」）という放送を始め、各新聞もGHQ監修の「太平洋戦争史」の連載を開始した。

全国民の洗脳が秘密裏にスタートしたのである。

WGIPの適切な訳は、戦争犯罪洗脳とでもいうのであろうか。

興味深いのはCIEが手先に使う御用新聞に「朝日新聞」を実名で指名していることなど、実に、括目に値する内容が多いが詳細は割愛する。

CIEの目的は、日本がアジアを侵略し、平和を冒涜した償いに原爆は止むを得なかったということと、精神的、道義的に弱みのある日本を将来にわたり、アメリカに服属させることであった。


日本人の深層心理にゆっくりと滲み込んだWGIPは、戦後七〇年たった今もマスコミを中心とした各分野を担う人々の心に、自虐史観として生き続けている。


思い出してもみられよ。

政治家では、韓国にわざわざ行って抗日活動家のモニュメントに土下座する元総理。

尖閣侵入で拿捕しながら、シナ漁船の船長をわざわざ送り返してあげる優しい政府。

北朝鮮による拉致被害者をなかったことにしたかった大物政治家。

未来永劫にシナと韓国に謝罪続けようとたった何とか談話。

内政問題である総理の靖国参拝に、シナと韓国におもねって反対し続ける腰抜け政治家。など枚挙にいとまがない。

その他、いかに多くのジャーナリスト、学者、作家、宗教者、音楽家、芸能人、ありとあらゆる職種の人が、外国（シナと韓国のみ）に対し、自省的であることこそ日本の良心だと、「偽善の泥沼の共同幻想」に沈み込んで、出てこられないことか。

あれっと思うような人がＷＧＩＰの奴隷であったと知り、驚かされることがある。

今をときめくノーベル文学賞候補の作家村上春樹氏もその一人である。

氏は多難な日中関係についてマスコミに問われ次のように答えている。

……「相手国が『すっきりしたわけじゃないけれど、それだけ謝ってくれたから、わかりました、もういいでしょう』というまで謝るしかないんじゃないかな」……

（産経新聞　産経抄　平成二七年四月二五日）

なんたる自虐か、矜持のなさか。

まえから氏の書き物のソフトなファンタジーにさりげなく包み込んだ反日、反戦、自虐思想が気になっていたが、なにしろハルキストなる若い女性の教祖様である。

若い世代に影響がないとは誰が断言できよう。

ＷＧＩＰは大成功をおさめている。

WGIPと司馬さん

私は司馬さんほどの歴史学の大家が、たかだか建国二百年の浅い歴史と文明の香りが乏しい国の占領軍などに感化されることはあり得ないと堅く信じていた。

ところが、司馬さんは、左翼学者鶴見俊輔氏との対談「日本人の狂と死」の中で次のように語っている。

「戦後、アメリカ軍がなるほど占領にやってきたけれども、その占領のほうがやや軟弱なる占領であって、その前の占領のほうがきつかったという感じ。（中略）戦後社会を見たときに、これが初めて日本人がもった暮らしやすい社会なんじゃないかという感じがしましたですね。いまだって、戦後社会のそのときに感じた民主主義なら、うまく守っていきたいという感じがついしちゃう。

狂気じゃありませんけれども、そういうことを守ることなら自分は死んでもいいという気持ちがしょっちゅうあります……」（『戦争と国土』司馬遼太郎対話選集六）

『昭和という国家』という本のなかで、司馬さんは、昭和を支配していた参謀本部のことを「魔法の森の占領者」と名付けている。

昭和元年から敗戦まで、魔法使いが杖をポンとたたいて、日本という国の森を魔法の森にしたとなぞらえ、敗戦により『魔法の森の占領者』より、より柔らかい占領者が来て大きな文明を持ってきた。なにか世の中が開けたような、太陽が出てきたような、暖かくなったような感じを持った」と書いている。

ＧＨＱが文明を持ってきたなど、持ち上げ方がすざましい。

アングロサクソンの膨張主義が、ハワイやアジアで行なった陰の顔を知らぬ司馬さんではあるまいに。

誰しも昭和二〇年八月一五日を、歴史の断絶日ととらえ、すべてをリセットした方が気が楽になるのであろうか。

ところが評論家小林秀雄は、終戦直後の座談会で「歴史の反省はしない」と、骨のある名言を残している。（『近代文学』昭和二一年二月号）

「僕は政治的には無知な一国民として事変に処した。黙って処した。それについて今は何の後悔もしていない。

大事変が終わった時には、必ず若しかくかくだったら事変は起こらなかったろう。事変はこんな風にはならなかったろうという議論が起こる。

必然というものに対する人間の復讐だ。

はかない復讐だ。

この大戦争は一部の人達の無智と野心とかから起ったか、それさえなければ、起こらなかったか。

どうも僕にはそんなお目出度い歴史観は持てないよ。

僕は歴史の必然性というものをもっと恐ろしいものと考えている。

僕は無智だから反省なぞしない。

利巧な奴はたんと反省してみるがいいじゃないか。」


鋭すぎる時事批判ではないか。この小林の恐れた歴史の必然性とは、当然敗戦に対する諦感ではない。

彼は歴史学者でないとはいえ、明治維新後の日本と列強との複雑な政治力学をも含んだ国家の流動性をすでに悟っていたのではないか。

小林秀雄は歴史の切れ目のない連続性と必然性を信じるからこそ、日本の宿命を「我が事」として引き受けたのである。（浜崎洋介　『文芸春秋ＳＰＥＣＩＡＬ』二〇一五年春号）

終戦直後とはいえ、ＷＧＩＰに染まらない見事な保守文化人もいた。

残念ながら我らが司馬さんは、ＷＧＩＰの洗脳者といわれてもやむを得ないだろう。小林秀雄との溝は果てしなく大きい。

左翼からの司馬批判

ところが左翼から見ると、昭和の悪辣な戦争を罵倒する司馬さんを同志と思っていたのに、日露戦争を肯定する氏は座視できない裏切り者として映るらしい。

えひめ教科書裁判を支える会で活動し、歴史問題にも詳しい高井弘之氏は著書の中で次のように述べている。

「……昭和期のファナテック（狂信的）なナショナリズムをあれほど嫌った司馬が、明治期日本に関しては、ここまで言うかと嘆息するほどの、あられもない日本賛美をこの『坂の上の雲』では行っている。」（「誤謬だらけの『坂の上の雲』」高井弘之）

要は司馬さんの「昭和期日本」への強い憎悪は、司馬さん自身が強い日本人意識を持っているからであって、日本を潰した軍部への怨みにしかすぎず、他民族への加害性を考慮していないと切って捨てている。

左翼が司馬さんと「昭和」の時代を共闘できても「明治」の時代を共闘できないのはなぜであろうか。

極めて単純な論理である。

アメリカの国益にもとづいたWGIPは、日米の利害が対立しだした昭和の満洲事変以降を対象としているのであって、それ以前のことは問題にしていない。

むしろアメリカは、日露戦争で日本を応援することが国益にかなうと考えていたのだ。

対して左翼史観は、明治維新後、日本は民衆を抑圧する絶対的権力を持った天皇制国家になった時点で打倒されるべき対象とみているのだ。

日清、日露戦争も新興の帝国主義国家日本が仕掛けた露骨な侵略戦争そのものと捉えているので、司馬さんの祖国防衛戦争論と相いれるはずがない。

従ってこのコミンテルン史観とWGIPとうりふたつの司馬史観とは、明治期日本においては線路のレールのように永遠に交わることはない。

この意味で司馬さんはコミュニストではなくリベラリストといってよいだろう。

左翼史観はそれはそれとして、高井氏は次のようにも批判している。

「全能の神（司馬さんのことか）がいるとして、まさにその神の視点からしか判断、断定できない性質のことを、無根拠のままに、自分が調べた痕跡さえいっさい示さず断定しているのである」

手痛い指摘である。要は、推測なのか真実なのか判らないまま、司馬さんの演繹的論理展開が鼻につくのであろう。

現実に、左からも右からも攻撃を受けるのは、逆に言えば、それだけこの『坂の上の雲』は、社会に対して影響力の大きい偉大な叙事詩だからと思われる。

だからこそこの作品は内容に徹底的な歴史的検証を求められ、左右からの攻撃を見事にはね返すためにも作者自身が強調しているように、真実にきわめて近い必要があったのだ。

『坂の上の雲』は「あとがき」で値打ちを半減させた

『坂の上の雲』各巻のあとがきを見てみよう。真実に近いという自我自賛が極めて多い。

「この作品は小説であるかどうか、実に疑わしい。ひとつは事実に拘束されることが百パーセントにちかいからであり……」

『坂の上の雲』という作品は、ぼう大な事実関係の累積のなかで書かねばならないため、ずいぶん疲れた。……」と述べており、さらに『坂の上の雲』執筆から二十年後にも、随筆『明治という国家一九八九年』の中で、「私は『坂の上の雲』で日本海々戦を書きましてちょっと苦しみましたのは、日々変化する細部のことでした。たとえば、この軍艦は何日何時にどこにいたといったようなことです。軍艦は動いています。それが一つの間違うと何の意味もありませんし、しかしそれを間違えないように書いたところでそれは文学的な価値とは関係がないのです。労多くして功のすくない作業でした。」と書いている。

自我自賛！　としか言いようがない。本当だろうか。

日本海々戦時の戦闘日誌と海図を捜し出し、両者を一刻一刻照合することは（戦闘中なら艦橋で現実にやっていることだが）開戦後六〇年以上たって再現するのは至難のわざと思うのだが。もしそうだとしたら、この強迫神経症的に正確さを求めて止まない司馬さんが、『機密日露戦史』だけをタネ本にして、間違いだらけの、荒削りなストーリー展開にしたのはなぜだろう。自己撞着につきあたる。

すべての『坂の上の雲』に対する批判は、ここにあるのだ。

自分の筋書き展開に有利な資料だけを採用し、虚構の主題を創造し、牽強付会《けんきょうふかい》の描写を進める異形の文学ができあがった。そして、「真実に、ほぼ百％近い」などと自我自賛のあとがきで補強する。

ナイーブな読者は司馬ブランドという先入観もあいまって、コロッと史実と受け入れるだろう。――司馬史観として――

しかし、本当は「司馬私感」なのに……


旅順攻略戦は日露戦争のハイライトの一つである。

旅順攻略戦はその膨大な犠牲者ゆえに朝野から批判を浴びたのは事実である。

だからといって、旅順戦の乃木希典、伊地知幸介を、事実を曲解し、不当に落としめてよいはずがない。

『坂の上の雲』は歴史書ではなく、小説である。小説である以上売れなければならないし、面白くするためには創作が必要であるという自明の理を長い間私は考えていなかった。

私は「真実に百パーセント近い」という製造メーカーの保証書をうのみにして製品を吟味しなかった無知な消費者だったのだろうか。

映画のように「この作品はフィクションであり実名を使っていますが、事実とは関係ありません」というキャプションを製造メーカーに入れろというつもりもない。

本当に賢明な消費者は、製品を手に取って吟味し、試用し、他製品と比較対照し、自分の頭で考え、自己責任で購入するものだ。

歴史小説という「知的製品」を初めて手にした時も、同じような心構えが必要なのではないだろうか

おわりに

第三軍は旅順陥落後、休む間もなくわずか二週間後、決戦地奉天に向け進発した。

厳冬の中、その距離約三〇〇キロ。

二十八榴などの重量物を運びながら、約一ヵ月の強行軍の末、奉天南方に辿り着いた。

第十一師団を鴨緑江軍へ引き抜かれ、老兵が増え、満身創痍、弱体化は否めなかった。

乃木は伊地知と切り離された後、松永正敏を新しく参謀長に迎え奮戦した。

奉天大会戦で敵右翼へ迂回、包囲という難作戦である。

いつも不利な役をまわされる乃木であったが、露軍にも旅順の勇名が鳴り渡っており、敵将クロパトキンも恐怖のあまり采配が狂ったという。

奉天戦でもいわれのない風評がおこったが、乃木はくさらず、淡々と使命を果し、満洲軍勝利につながる結果を出した。

これを名将と言わず何と言おう。

これ以上何を書いても蛇足になろう。

司馬さんに嫌われた二将軍を探し求める長い旅も終わりに近づいてきた。

ある日、青山霊園の乃木将軍の墓にもお参りした。

明治とともに自刃という形で世を去った乃木希典が、命を共にした静子夫人と仲良く眠っている。驚くほど小さな、質素な墓石だ。将軍の人柄を表すように。

向かいには先に戦死した長男勝典と二男保典の墓が並んでいる。

こちらは大きく堂々としている。

厳格なだけで、我が子に何一つ優しい言葉をかけてやれなかった父親の、最後の想いであったのか。

墓石に対し、そのような遺言があったか、

写真（おわりに）　青山霊園の乃木希典墓

誰も知る人はいない。

断絶した乃木家だが、墓前にはささやかな白い花が供えられていた。

読者の皆様には長い間つきあって頂き有難うございました。

本書を上梓するにあたり、何もわからない筆者に**ノンフィクション**とは何か、基礎から教え励まして頂いた高木書房　斎藤信二社長に、また、要塞攻略の戦術と史実を懇切にご教授頂いた砲術専門家・元陸上自衛隊中部方面総監　山下裕貴陸将に心より感謝申し上げます。

参考１　伊地知参謀長と上司・乃木軍司令官

伊地知幸介　輝ける経歴

伊地知幸介は安政元年一月六日（一八五四年）薩摩藩伊知地直右衛門の長男として生まれた。陸軍幼年学校卒業後、明治八（一八七五）年旧二期生として陸軍士官学校入学、卒業後一年目で早くもフランス留学の機会が与えられた。

もともと陸軍はフランス式の兵制を導入していたが普仏戦争でフランスがプロセインに敗れたためドイツ式に変えることになった。

そこで明治一七年大山遺欧使節団の随員として再び派遣された伊地知はそのままドイツ留学を命じられ、ドイツ帝国陸軍参謀総長大モルトケの知遇を得、彼のスタッフより戦略・戦術の指導を受けている。

明治陸軍がいかに彼に期待していたかが伺える。

明治二一年帰朝、日清戦役出征後二九年には参謀本部第一部長に就任。この時まで同期のトップで進級している。並みの才能ではあるまい。

明治三〇年砲兵大佐昇任。英国駐在武官を経て三三年早くも陸軍少将に任官　同期生一三六名中、田村怡与造と二人だけである。

ちなみに田村は山梨県出身でその智謀ゆえ今信玄と称される程の俊才であった。田村は参謀総長川上操六が急死した後、次長のポストを受け対露戦を着々と計画していたが、これまた惜しくも明治三六年急没した。日露風雲急をつげる中、日本にとって大いなる損失と嘆かれた逸材であった。

この秀才田村と同期のトップを切って少将に進級した伊地知が司馬さんのいうように硬直化した官僚組織の、頑迷固陋の象徴であるとは思えない。

明治三三年英国から帰朝した伊地知は再び参謀本部第一部長に復帰した。

第一部長というポジションは作戦部長ともいい作戦の花形である（昭和になっての有名な作戦部長は石原莞爾などがいる）。当然、頭脳明晰、融通無礙などの資質と豊富な実戦経験（平時では観戦経験・演習実績など）が重要視される。この大役を彼が帰国しても再び与えられること自体いかに陸軍が彼に期待していたかの証左であろう。

絶妙のコンビ　伊地知参謀長と上司・乃木軍司令官

次に伊地知の、乃木との接点についてみてみたい。

前述のように伊地知はフランス・ドイツ留学に加え英国駐在武官と三度の欧州滞在経験があり特にフランス語は得意だったとされる。

明治二〇年〜二一年にかけドイツに乃木が留学した時、欧州事情に詳しい伊地知は乃木の面倒を色々とみた。

乃木はすでに三九歳、陸軍少将という高官であり、教える方のドイツ側も客人扱いであった。　軍政面はともかく、細かな戦略・戦術の伝授は伊地知を介する事も多かったのではないか。

このように乃木と伊地知の人間関係はドイツ留学時代から形成されており、第三軍の理想的な軍司令官と参謀長のコンビと言える。

写真参−1　第三軍参謀長
伊地知幸介
（近フォト蔵）

伊地知は、若い頃から西洋の軍事技術を着々と研鑽してきており、しかも専門は砲術というキャリアである。それは、まさに攻城戦にはうってつけではないか。

なにしろそれまでの我が国の攻城戦の経験は五稜郭の戦いや、西南戦争時の熊本城包囲戦、古くは大坂城攻囲戦ぐらいである。

火力も幼稚で、参考にしたい近代攻城戦とは程遠い。国家間の正規の要塞攻略戦は西欧の近代国家に学ぶしかない。

その意味でヨーロッパで学んだ伊地知が旅順攻略軍の参謀長につくことは何ら不自然なことではない。

私は上京するチャンスがあるたびに、何度も伊地知幸介の墓参にいっている。

最初の頃こそ「もしこの墓の主が旅順攻略軍の参謀としては荷が重すぎたのでは」と思っていなかったと言えば嘘になる。

ずっと『坂の上の雲』の次の一節が頭にこびりついていたからである。

「いまひとつ乃木にとって幸運でなかったのは、参謀長の人選までが、派閥的配慮でおこなわれたことである。

山縣や寺内は、（著者注：参謀総長と陸相）

『司令官を長州がとった以上、参謀長は薩摩にせねばまずかろう』ということで、少将伊地知幸介がえらばれた。

理由は砲兵あがりであるということもあったが、薩摩出身であるという配慮の比重のほうがはるかに大きい。

……

伊地知幸介がすぐれた作戦家であるという評判は、陸軍部内ですこしもなかった。ないどころか物事についての固定観念のつよい人物で、いわゆる頑固であり、柔軟な判断力とか、状況の変化に対する応変能力というものをとてももっていないということも、かれの友人や旧部下のあいだではよく知られていた」(『坂の上の雲』旅順)。

今となっては司馬さんの嘘八百が、いくら小説を面白くするためとはいえ怒りを通りこして悲しくなってくるのである。

乃木神社&親世代の乃木さん像

私事になるが、所用で上京するたび、東郷神社によく参拝したものだったが、乃木神社には行ったことがなかった。

息子たちの大学受験の時は、日本海海戦の完全勝利にあやかって必ず東郷神社に戦勝（合格）祈願に行ったものだった。息子になぜ乃木神社に行かないのかと尋ねられた時、すかさず「『乃木の戦さ下手』という言葉があってなぁ。乃木さんは敗けてばかりいたから合格祈願としてはちょっとなぁー」という言葉がよどみなく出てきたのを覚えている。

『坂の上の雲』の中には「乃木の戦さ下手」という言葉が何度も出てくる。これに呪縛されていたのだろう。そうであれば学生の頃からいったいどのくらい長きにわたって呪縛され続けてきたのであろう。

写真参－２　第三軍司令官
乃木希典
（近フォト蔵）

私が小学生の頃、社会科（歴史）の授業の一環として「明治天皇と日露大戦争」（新東宝　昭和三二年公開）という映画をクラス全員で見に行った。

アラカンこと嵐勘寿郎の明治天皇の重厚さが子供心にも印象的に残っているが、それにも増して敵陣の前で日本兵が機関銃になぎ倒されてもなお突撃し、無惨にも全滅するシーンは衝撃を越えて、子供心にもなんで鉄砲しか持たない日本兵が、機関銃にわざわざ殺されに行くのかと下手な戦いの理不尽さに怒りを覚えたものだった。

家に帰り母親に映画の感想を話しすると、「確かに乃木さんはたくさんの人を殺したけど、乃木さん自身も、ものすごくかわいそうな人なんや。その責任をとるために明治天皇の後を追って切腹されたし……」と、半ば同情・半ば大量殺戮の張本人との口ぶりであった。

当時の我々の大正・明治生まれの親世代は同じような気持ちを持っていたと思う。

また乃木さんは贖罪意識にかられ戦後慰霊の旅に出たとか、戦争で父を亡くした貧しい物売りの子供にお金を恵んだとかの話も聞いた。

子供心にやさしそうな髭面のおじいちゃんと思っていたが、大人たちは言外に「たくさんの人を殺した」と非難がましい気持ちもあったのではないかと思っていた。

長じて青年期になり熟読した『坂の上の雲』が母親のなんとなく奥歯に物の挟まったような話を総括してくれた。

ただ一言　乃木は無能なだけだったと……

本文中でも述べたが、『坂の上の雲』の旅順攻略戦のエッセンスは次のようになる。

能のない肉弾攻撃を三度も繰り返し、三度共、莫大な戦死傷者を出した。

満洲軍（上部組織）総参謀長の児玉源太郎が指導に訪れ、目標を二〇三高地に変えてからあっという間に攻略できた。

はじめから二〇三高地を攻めていれば成功したものを、乃木・伊地知は我を張り、わざと強固な東北正面に固執した。

よって乃木・伊地知の第三軍司令部は無能である。

しかしそれは間違いであることを本書で述べた。

乃木将軍の休職歴

「この時代の高級軍人で、乃木ほどその官歴で『休職』という項の多い人物もまれであった。かれの軍事思想はすでに古く、参謀本部などの作戦面でかれを使うことができないうえに、軍政面でもかれに行政能力があるわけではなかったため、そのポストを作ることができなかった。(中略)乃木は近代戦の作戦指導に暗い。しかしその人格はいかにも野戦軍の統率にむいていた。軍司令官はその麾下軍隊にとっての鑽仰の対象であればいい」(『坂の上の雲』黄塵)

ずいぶんな書き方である。何を根拠に軍事思想はすでに古く、近代戦の作戦指導に暗いと断ずるのであろうか。あたかも軍のトップは宗教界のカリスマ性だけがあれば良いとする暴論である。

確かに乃木は陸軍に入ってから四回も休職している。休職歴を簡単にまとめてみる。

第一回目　明治七年　名古屋鎮台大弐心得時代
第二回目　明治二五年　歩兵第五旅団長時代（名古屋）
第三回目　明治三〇年　台湾総督時代
第四回目　明治三四年　第十一師団長時代（善通寺）

これだけでミステリーに包まれた伝記ができそうである。

第二回目は軍令をめぐって上司の師団長で、日露戦争時総理大臣になる桂太郎との確執。

第三回目は台湾総督時代、現地では住民の習慣と権利を尊重し、又、教育にも力をそそぎ民政に全力投球した乃木であったが、その清廉潔白で質素倹約な姿勢を煙たがられるなど、現地の官吏との行政をめぐる対立。

第四回目は北清事変時、部下の第十一師団の一将校が戦利品の窃盗行為を働いたとの噂がたち、師団長としての責任感から身をひいたものである。

第一回目を除いていずれも乃木の性格の一途さ、潔癖さが原因である。

清濁併せ飲む軍政家としての素質を、金輪際持ち得ない乃木の性格がなせるわざかもしれない。

なお、第一回目の休職は私的理由とあるだけで詳しいことはわからない。古川薫氏の名著『斜陽に立つ』では面白い類推がされている。乃木とて人間である。若い時は、柔らかい話の一つや二つあっても当然であろう。興味のある方は一読して頂きたい。

現代の勤め人社会では考えられない休職の多さであるが、興味のあることは必ず誰かが乃木の才能を惜しんで現職へ引き戻すことである。

西南の役以来、連隊長、旅団長、師団長と昇進し続けた、実践豊富な経験を第三者は惜しみカムバックさせたのである。

今と違って万事、人情味ある大らかな時代であったと言ってしまえばそれまでであるが、どうしようもない愚物を復帰させるほど陸軍は甘くない。

又、休職中といえども乃木は、那須の田舎で晴耕雨読の百姓だけをしていたわけではない。兵術書をあさり、陸軍大演習には熱心に見学する等来たるべき秋に備え自らを厳しく磨いていたのである。

将たる器とは何か。帷幄[1]の智謀を選別し、局面において押すか退くか、瞬時に決断し実行に

(1) 帷幄（いあく）…作戦をめぐらす所、本営。（この言葉は、昔、陣に垂れ幕とひき布をめぐらしたことからきている）。

移す能力の事である。休職の多さと軍人能力は反比例するものではない。

事実、乃木の力量は旅順攻略が進むにつれて冴えわたってくるのである。実際の現場において第三軍がどのように考えて作戦を立て、具体的にどのように戦果をあげていったのかについては、新資料を解読しながら本書で紹介した。

なお、私自身は熱烈な乃木教信者ではない。将軍の凛然たる生き様に感銘し、限りない尊崇の念を持つ一人である。しかし、それ以上に乃木将軍及びそのスタッフ達の、真実の姿を見てみたいという欲求が強くある。

参考2　『坂の上の雲』に対する私の危惧

『坂の上の雲』の旅順要塞攻略戦は納得できない

昭和二十年八月、日本は大東亜戦争（別名太平洋戦争）で負け、その後の時代を戦後と呼ぶ。それで日本人に植え付けられた思想は「日本は過去の戦争でアジア諸国に迷惑をかけた」であった。

なぜそのようになっていったかは本書の後半で述べるが、その思想が今なお、独立国家としての日本の足を引っ張り、日本人の誇りを貶めている。

それによって日露戦争までも日本の侵略戦争であったという学者もいる。

しかしそれは、大きな間違いである。

日露戦争で日本が敗れていれば、今の日本はないと断言できる。

日本はロシアの属州に貶められるか、領土を大幅に割譲させられていたであろう。

逆に日本の勝利により、白人支配下のアジア、アフリカ諸国の覚醒をうながし、第二次大戦後の独立の発火点になったことは歴史の証明するところである。

司馬遼太郎は、この日露戦争の意義を『坂の上の雲』という超大作でもって我々現代人に問題提起した。

誠に偉大な業績であり、称えても称え過ぎることはないであろう。

この一作だけで単行本、文庫本あわせて千八百万部以上売れたというからまさに国民文学である。

手間暇かけた綿密な取材をベースに何より読みやすい。ストーリー展開が早い、臨場感抜群で、他の司馬作品に共通することではあるが、あたかも自分がその歴史的舞台で主人公と対話しているような錯覚におちいる（それが、司馬さんの感情移入させる技術の巧みさなのか）。一大ベストセラーになるのも当然である。

この功績は私も認める。

しかし私は、旅順要塞攻略の拙劣な作戦指導で屠殺とも言ってよい大量戦死傷者を出した二将軍と描いている旅順要塞攻略戦について納得できない。

社会的影響の大きい『坂の上の雲』

『坂の上の雲』は「歴史小説であって歴史学ではないのだから、何もそこまで目くじらを立てなくても……」という意見もあろう。

しかし、司馬遼太郎の考え方はいわゆる「司馬史観」としてオーソライズされ、それが人口に膾炙され続け、単なる通俗小説の枠を越え我々の深層心理にくい込んでしまっている。それが問題なのだ。

しかも政治家、財界人、企業の管理職などリーダー的な立場の人に人気が高く、大は国家から小は私企業まで、組織の運営に参考にしようとする人も多い。

毎年、彼を偲んで「菜の花忌シンポジウム」が開かれる。

彼の魅力にとりつかれたシンポジスト達の熱気は単に歴史小説の域を越え、我が国の文化はもとより、国家のあり方、進むべき方向といった憂国の領域まで及んでいる。

氏の気さくな人柄のため、ファンやジャーナリストは親しみを込めて先生ではなく司馬さんと呼ぶ人が多い。まさに文壇の寵児である。

要は『坂の上の雲』は社会的影響が大きいのだ。

司馬さん自身が史実であると断っていることに問題がある

もし『坂の上の雲』が虚構をもとに書かれていたとしたら、我々の潜在意識にどのような害悪を与え続けてきたのか、

『坂の上の雲』批判本はこれを訴えるために世に出てきたと思われる。

それが証拠に司馬さんの他の代表作、『竜馬が行く』をはじめとしてその他の幕末もの、戦国ものに対する批判は皆無である。

読者は少々事実からかけ離れていても面白ければそれでよいのだ。作者の自由な空想力をむしろ楽しんでいるのだ。

しかし明治になるとそうはいかない。厳然たる資料は数多く残されている。

司馬さんが、フィクションすなわち娯楽小説であると断るならまだしも、わざわざ史実であると断っている限り、ウソは許されない。

「史観」という褒め言葉が出現している以上、歴史に責任を持たねばならない。

徳川家康は狡かったとか、秀頼は無能であったとか、茶化したり、貶しめたりする次元の問題ではない。

時はわずか百数十年前、当事者の子孫もいるし、歴史は風化していない。実在の人物に対しては、正確の上にも正確を期さねばならない。まして、誤った「史観」によって、人物評価がねつ造されたとしたら、子孫はどう感じるであろうか。もしあなたの曽祖父が歴史小説の負の俎上に上がったとしたらどうであろうか。

そんな思いを抱いて調べ始めたのが本書を書くきっかけになっている。

主な参考文献

司馬遼太郎　『坂の上の雲』一〜八　文春文庫　二〇一二年
〃　『世に棲む日日』　文春文庫　二〇一五年
〃　『殉死』　文春文庫　二〇〇一年
〃　『この国のかたち』一、四　文集文庫　二〇一六年
〃　『歴史と視点』　新潮文庫　二〇一二年
〃　『司馬遼太郎が考えたこと』2　新潮文庫　二〇〇四年
〃　『戦争と国土』司馬遼太郎対話選集6　文春文庫　二〇〇六年
〃　『「昭和」という国家』　NHKブックス　二〇〇六年
〃　『「明治」という国家』　NHKブックス　二〇〇六年
〃　『週刊朝日MOOK8』　朝日新聞出版　二〇一一年
〃　『週刊朝日増刊「司馬遼太郎が語る日本」』　朝日新聞出版　一九九七年
〃　『週刊朝日増刊　未公開講演録愛蔵版』　朝日新聞　一九九六年
桑原　嶽　『名将乃木希典』　中央乃木会　二〇〇五年
長南政義　『日露戦争第三軍関係資料集』　国書刊行会　二〇一四年
ゲームジャーナル編集部　『坂の上の雲5つの疑問』　並木書房　二〇一一年

福井雄三　『歴史小説の罠』　総和社　二〇一三年
〃　『世界最強だった日本陸軍』　ＰＨＰ研究所　二〇一三年
〃　『「坂の上の雲」に隠された歴史の真実』　主婦の友社　二〇〇四年
別宮暖朗　『日露戦争陸戦の研究』　筑摩書房　二〇一一年
〃　『帝国陸軍の栄光と転落』　文春新書　二〇一〇年
〃　『「坂の上の雲」では分からない日本海海戦』　並木書房　二〇〇五年
〃　『旅順攻防戦の真実』　ＰＨＰ文庫　二〇〇六年
黒野　耐　『参謀本部と陸軍大学校』　講談社現代新書　二〇〇四年
潮　匡人　『司馬史観と太平洋戦争』　ＰＨＰ新書　二〇〇七年
古川　薫　『斜陽に立つ』　文春文庫　二〇一二年
大濱徹也　『乃木希典』　講談社学術文庫　二〇一〇年
岡田幹彦　『乃木希典』　展転社　二〇一〇年
陸戦史研究普及会『旅順要塞攻略戦』　原書房　一九六九年
佐藤　晃　『太平洋に消えた勝機』　光文社ペーパーブックス
佐藤　晃　『帝国海軍が日本を破滅させた　(上)(下)』　光文社ペーパーブックス
古是三春　『ノモンハンの真実』　産経新聞出版　二〇〇九年
佐山二郎　『日露戦争の兵器』　光人社ＮＦ文庫　二〇〇五年

〃　『大砲入門』　光人社NF文庫　二〇〇八年
高井弘之　『誤謬だらけの「坂の上の雲」』　合同出版　二〇一〇年
松本健一　『三島由紀夫と司馬遼太郎』　新潮社　二〇一一年
『歴史街道』　日露戦争旅順の攻防戦　PHP研究所　二〇〇四年九月号
〃　二〇三高地の真実　PHP研究所　二〇一一年一一月号
〃　乃木希典と日露戦争　PHP研究所　二〇一三年一月号
〃　日露開戦　PHP研究所　二〇一四年一〇月号
『歴史群像』　旅順攻防戦　学習研究社　二〇〇一年六月号
〃　日露戦争　学習研究社　一九九一年六月号
『別冊歴史読本』　未公開写真による日露戦争　新人物往来社　一九八八年
『プレジデント』「ザ・マン」シリーズ　乃木希典　プレジデント社　一九八一年
『正論』臨時増刊号　日本海海戦と明治人の気概　産経新聞社　二〇〇四年
遊就館　『日露戦争百年』　遊就館靖国神社　二〇〇五年
桜井忠温　『肉弾』　国書刊行会　一九七八年
谷　寿夫　『機密日露戦史』　原書房　一九六六年
ロストーノフ・I・I　『ソ連から見た日露戦争』　原書房　二〇〇九年
呂　同挙　『神秘的旅順』　中国旅遊出版社

関野通夫　『日本人を狂わせた洗脳工作』　自由社　二〇一五年
金子常規　『兵器と戦術の世界史』　中公文庫　二〇一三年
森　史郎　『司馬遼太郎に日本人を学ぶ』　文春新書　二〇一六年

西村　正（にしむら　ただし）

医師　専門は消化器科・肛門外科。
昭和23年　兵庫県生まれ。
奈良医大卒、阪大大学院修了、消化器外科の関連病院勤務の後開業医となる。
子供の頃から歴史好きで、特に明治期の国家興隆、民族勃興に興味を持つ。司馬史観で、ステレオタイプの名将東郷平八郎提督、愚将乃木希典将軍が刷り込まれる。それを打ち壊す新事実が出てくるようになり大いに困惑。一から再勉強を余儀なくされ、本書の執筆に至った。

司馬さんに嫌われた
乃木・伊地知両将軍の無念を晴らす

平成28（2016）年８月19日　第１刷発行

著　者　西村　正
発行者　斎藤信二
発行所　株式会社　高木書房
〒114-0012
東京都北区田端新町１-21-1-402
電　話　03-5855-1280
FAX　03-5855-1281
メール：syoboutakagi@dolphin.ocn.ne.jp
装　　丁　株式会社インタープレイ
印刷・製本　株式会社ワコープラネット
※乱丁・落丁は、送料小社負担にてお取替えいたします。

 ISBN978-4-88471-807-7 C0031 Printed in Japan

諸橋茂一
日本が世界の植民地を解放した

間違った歴史認識を正すべく村山富一、河野洋平の両氏を訴えた著者。歴史の真実を詳しく述べながら、南京大虐殺、慰安婦問題等の嘘を暴き、日本人が誇りを取り戻す処方箋を提言。

四六判ソフトカバー　定価：本体一六〇〇円＋税

菅　考之
知恵なくば、国起たず！誇りなくば、国護れず！

日本国民は、ＧＨＱの洗脳から目を覚まし国民意識を持たなければならない。本書は日本人の知恵、日本の誇りある歴史を教えてくれ、日本人としての国民意識を芽生えさせてくれる。

四六判ソフトカバー　定価：本体一六〇〇円＋税

服部　剛
教室の感動を実況中継！先生、日本ってすごいね

公立中学校の先生が道徳の時間に行った18の授業内容をそのまま掲載。実際に生きた人々の話だけに、日本人の生き方が直に伝わる。「思わず涙。人に薦めています」の感想が届く。

四六判ソフトカバー　定価：本体一四〇〇円＋税

野田将晴（勇志国際高校校長）
高校生のための道徳　この世にダメな人間なんて一人もいない!!

通信制・勇志国際高校の道徳授業。強烈に生徒の心に響く肯定感。生き方を知った生徒達は生まれ変わる。道徳とは、青春とは何か。志ある人間、立派な日本人としての道を説く。

四六判ソフトカバー　定価：本体一〇〇〇円＋税

高山正之
異見自在　世界は腹黒い

事実は小説より奇なり。本音で腹黒い世界をえぐり出してくれる面白さ。知的興奮を味わいながら、歴史の真実をも勉強できる。名著として、いまなお読み続けられている。

四六判ハードカバー　定価：本体一八〇〇円＋税

田母神俊雄
田母神俊雄の日本復権

生き残りの全国最年少特攻隊員の証言を切り口に、日本が日本としてあるべき姿を歴史の真実から読み解き、リーダー論を加えて展開している。戦後の嘘の歴史に騙されてはいけない。

四六判ソフトカバー　定価：本体一三〇〇円＋税

加瀬英明（監修）
われわれ日本人が尖閣を守る

尖閣諸島には実効支配の証となる灯台が建っている。問題は日本政府である。中国に遠慮し日本の立場を主張してこなかった。各界の知識人がその対処法を独自論で展開している。

B五判ソフトカバー　定価：本体九五二円＋税

田中正明
朝日が明かす中国の嘘

南京大虐殺を事実のように伝える朝日新聞。だが当時の朝日新聞は、それについて何も書いていない。むしろ微笑みが戻った南京を報道。当時の新聞記事を紹介しながら南京の真実に迫る。

四六判ソフトカバー　定価：本体一六〇〇円＋税

岡島茂雄
日本史を歩く

日本人でありながら日本のことは知らない。その要因である戦後教育の壁を破れば、そこに生き生きとした日本の歴史がある。誇りが持てる日本の歴史を、神話から現代まで訪ね歩く。

四六判ソフトカバー　定価：本体一〇〇〇円＋税

斎藤信二
走りながら考える男
福嶋進　世界一を目指す

普通の男の成長物語。ポイントは志をもってやり抜くこと。ハガキ一枚の買取から年商40億円、10年間で全国100店舗を達成した知行合一、事上磨錬の実践者・福嶋進社長の生き方を描く。

四六判ソフトカバー　定価：本体一三〇〇円＋税